《蒙古山水地图》（局部）

本丛书由

国家社会科学基金项目重点项目

"'丝绸之路：长安—天山廊道'的价值特征研究"（17AZD020）

中国建设科技集团创新项目"丝路遗迹"

联合资助

"十三五"国家重点图书主题出版规划项目

中国建筑工业出版社
学术著作出版基金项目

丝路遗迹·墓葬篇

陈同滨　陈凌　主编

中国建筑工业出版社

审图号：GS（2021）503号
图书在版编目（CIP）数据

　　丝路遗迹．墓葬篇/陈同滨，陈凌主编．—北京：中国建筑工业出版社，2021.3
　　ISBN 978-7-112-25667-9

　　Ⅰ.①丝… Ⅱ.①陈…②陈… Ⅲ.①丝绸之路－墓葬（考古）－出土文物－介绍 Ⅳ.①K878

　　中国版本图书馆CIP数据核字（2020）第241413号

责任编辑：毋婷娴　费海玲　郑淮兵　张幼平
责任校对：王　烨

　　一条流淌在历史长河中的丝绸之路，对应了人类生活的种种形态。作为记录丝路文明的一种特殊形式，墓葬是个体生命的终止符，却以自己的独特方式，充分反映了丝绸之路沿线及其影响区域的人们生产生活等领域，具有非常重要的意义。

　　本书分中原地区墓葬，河西走廊及两侧地带墓葬，青藏高原地区墓葬，河套地区墓葬，西域地区墓葬，内蒙古高原地区墓葬，东南沿海地区墓葬，欧洲及中亚、西亚墓葬等章，在翔实的文字和图片介绍基础上，体现了丝绸之路上文明的融合与互通。

丝路遗迹·墓葬篇
陈同滨　陈　凌　主编

*

中国建筑工业出版社出版、发行（北京海淀三里河路9号）
各地新华书店、建筑书店经销
北京方舟正佳图文设计有限公司制版
北京富诚彩色印刷有限公司印刷

*

开本：880毫米×1230毫米　1/16　印张：17¾　插页：1　字数：370千字
2021年3月第一版　2021年3月第一次印刷
定价：**298.00**元
ISBN 978-7-112-25667-9
　　（36620）

版权所有　翻印必究
如有印装质量问题，可寄本社图书出版中心退换
（邮政编码100037）

序一

陈同滨

丝绸之路是有关人类文明发展交流史的宏大叙事;将丝绸之路作为文化遗产研究,范围几乎涉及半个地球近 2000 年的文明史迹;将丝绸之路列入《世界遗产名录》、提交全世界予以保护,是当代国际遗产界的伟大心愿。

1988 年联合国教科文组织启动的"对话之路:丝绸之路整体性研究"项目以科研活动与媒体报道相结合的方式,组织了五次国际科考活动。此后在国际古迹遗址理事会(ICOMOS)的积极推进下,经由国际和国内诸多学术界、遗产界专家学者与各国政府多年来的共同努力,2007 年中国和中亚五国正式启动了"丝绸之路"申报世界遗产的工作,即"首批行动",2009 年进一步明确为 2 个项目:一个由中国、哈萨克斯坦和吉尔吉斯斯坦 3 国联合申报"丝绸之路:长安 – 天山廊道的路网"(Silk Roads: the Routes Network of Chang'an-Tianshan Corridor);另一个由乌兹别克斯坦、塔吉克斯坦和土库曼斯坦 3 国联合申报"丝绸之路:片吉肯特 – 撒马尔罕廊道"(Silk Roads: Penjikent-Samarkand-Poykent Corridor)。

2013 年 1 月,中哈吉三国向联合国教科文组织(UNESCO)的世界遗产委员会提交了跨国联合申报项目"丝绸之路:长安 – 天山廊道的路网"(以下简称"天山廊道")的提名文件,声明:"'丝绸之路:长安 – 天山廊道的路网'是具备突出普遍价值的一处跨国系列文化遗产,属文化线路类型;在东亚古老文明中心中国的'中原地区'和中亚区域性文明中心之一'七河地区'之间建立起直接的、长期的联系,在整条'丝绸之路'的交流交通体系中具有起始的地位,展现了世界古代亚欧大陆上人类文明与文化发展的若干重要历史阶段,是人类经由长距离交通进行广泛的文明与文化融合、交流和对话的杰出范例,为人类的共同繁荣和发展作出显著贡献。"

2014 年 6 月 22 日第 38 届世界遗产大会上,由中哈吉跨国联合申报项目天山廊道成为第一项成功列入《世界遗产名录》(编号 1442)的丝绸之路线路遗产。对此,ICOMOS 在项目《评估报告》结论的首段评述道:"三个缔约国进行跨界申报是将丝绸之路列入世界遗产名录过程中的一个重要里程碑。这是 7 年多合作努力以及更多年调查研究所取得的成果。"

世界文化遗产申报的过程,往往是一个重新发现、揭示和提升遗产价值的研究过程,也是一个保护管理水平与运行能力整体提升的工作过程。因此在申遗成功之后,往往会看到一种更高的工作标准和更为久远的挑战,尤其是在遗产价值研究方面,因位于世界遗产之列而拥有了更为广阔而深远的视野。

为此，本书基于一种承前启后的目的，对丝绸之路的遗产研究开展两部分工作：一是对"天山廊道"申遗过程中文本团队的阶段性研究成果进行整理、发表，用于回顾与总结，包括整理摘录一批重要的国际文件和工作文件；二是沿袭"天山廊道"的中国实践之一——丝绸之路线路遗产"分类"理论，分别从城镇、交通、生产、宗教、墓葬5种遗产类型开展专题研究、丰富案例资料。这一工作可将中国的丝路遗产进行较为系统的梳理，为将来进一步置入世界文明史框架下的故事讲述奠定初步基础。

丛书的编撰还涉及下列考虑：

一、丝绸之路：文化线路的概念

在我国，有关丝绸之路的学术研究长期以来基本属于东西方交通交流史和西域研究的学术范畴。1992年ICOMOS出台《文化线路国际古迹遗址理事会宪章》（*The ICOMOS Charter on Cultural Routes*），促进了丝绸之路作为文化线路遗产的探索，国际上有关丝绸之路的遗产理论应运而生，包括"主题研究报告"（2011）也进一步深化了"文化线路""系列遗产"等遗产理论。这些基于遗产保护立场而开展的有关人类文明史迹研究，开拓了一种更为讲求物质凭据与逻辑关联的、视野宏大的研究方式。据时任国际古迹遗址理事会副会长、丝绸之路申遗国际协调委员会联合主席郭旃先生回顾：2007年，ICOMOS专家受缔约国委托，起草编撰了《丝绸之路申报世界遗产概念性文件》（《概念文件》）和《主题研究报告》两份核心文件，协助缔约国和世界遗产委员会形成了世界遗产概念中对丝绸之路的时空和内涵、申报和管理模式的统一认识和路径。经缔约国完善同意，提交世界遗产委员会认可。其中《概念文件》由世界遗产顾问苏珊·丹尼尔女士（Mrs.Susan Danyer）受聘起草，资深专家亨利·克利尔博士（Dr. Henry Cleer）参与最终定稿；《主题研究报告》的主要编撰者为ICOMOS专家蒂姆·威廉姆斯（Tim Willianms）。此外，国际文件也专门提出了丝路遗产所特有的"一种特殊的'系列遗产的系列组合'（a special serial combination of serial heritages）模式，作为遗产理论的历史性创举，实现了超大型遗产线路——丝绸之路的首批申报行动的战略性突破，并为今后奠定了基础，设定了方向"。这些颇富创造性的文件对指导中国和中亚五国跨国联合申遗发挥了不可或缺的重要作用。

其中对丝绸之路作为文化遗产的定义概括如下：

"丝绸之路是东西方文明与文化的融合、交流和对话之路，是人类历史上交流内容最丰富、交通规模最大的洲际文化线路，在罗马、安息、大夏-贵霜、中国汉朝等大帝国在地中海沿岸到太平洋之间形成了一条不间断的文明地带，汇聚了古老的中国文明、印度文明、波斯-阿拉伯文明与希腊-罗马文明、中亚文明以及其后的诸多文明。"（《概念文件》）

与此同时，作为超大型文化线路遗产，丝绸之路是人类文明与文化交流融汇的伟大遗产，其遗产价值研究几乎涉及了大半部人类文明与文化发展史，包括了近2000年间发生的跨越洲际，特别是贯穿亚欧大陆东西两端诸多文明间的交流与互鉴活动，展现出这一长距离交通与交流活动对共同促进人类文明发展史的重大意义，对人类社会发展的精神信仰、商贸经济、政治势力、文化习俗与科学技术等诸多方面产生的广泛而深远的影响。这一研究的广度与综合程度都较一般的世界遗产要复杂得多，在遗产理论方面也存在诸多的挑战，特别是如何基于世界遗产的突出普遍价值（Outstanding Universal Value，简称OUV）评估标准，以一种"系列遗产"的策略，从沿用千余年，贯穿于亚欧大陆，延伸到非洲、美洲的一整套人类交通交流路网中，切分出遗产价值相对独立、时空边界相对完整的一个个路网片段（即廊道），作为丝路遗产予以保护管理，这一方式引发了一系列的新问题，包括遗产时空范畴的界定、组成要素的辨认、价值标准的确立、对比分析的范围等。由此可以看出，丝绸之路的遗产理论研究不同于学术研究的概念。

二、申遗成功后的思考

"天山廊道"申遗成功，给我们带来了三个明显的感受：一是"天山廊道"需要继续拓展，需要充分的物证支撑遗产的价值；二是丝绸之路申遗对文化线路遗产理论的实践需要总结，辨析不足及其成因；三是丝绸之路作为人类文明交流的伟大遗产，尚需要更广的视野、更多的研究投入，去探索和发现人类在文明交流过程中的种种智慧，为今天的文明交流带来精彩的启迪。鉴于此，有必要对"天山廊道"的文化线路理论实践与探索进行回顾、梳理和深化。

特别是回看《世界遗产名录》，发现"天山廊道"仍是迄今为止唯一的丝路遗产，可见丝绸之路的线路遗产研究还有许多问题要探讨。即便是"天山廊道"本身，也还有许多问题值得深化，诸如：

1. "天山廊道"本身的完整性问题有待深化。内容涉及遗产构成要素的进一步扩展，包括：（1）补充生产类型与墓葬类型，加强交通遗迹的系统性；（2）拓展一批可对遗产价值作出进一步支撑的预备名单项目；（3）探讨西天山地区与"天山廊道"的关联程度等。

2. "天山廊道"与周边其他廊道的关联问题有待深化。内容包括"天山廊道"与我国的沙漠南线、西南路线、草原路线的关联，这些路线在时空方面与"天山廊道"直接存在着不可分割的衔接甚至叠合关系，在价值特征上拥有极为密切的关联性，且分布范围必突破国境限定。

3. 基于丝绸之路所强调的不同文明间相互理解、对话、交流和合作的遗产价值，还应该充分揭示中国与中亚、南亚、东亚、东欧、西欧、北非等跨区域文明与文化的交流活动，以及中国作为东亚文明中心对丝绸之路的贡献与影响。或者说，无论从陆上线路还是海上线路，还有很多的丝路故事有待发现和讲述，有更多的遗产有待提交全世界予以保护。

凡此种种，显然都需要我们对丝绸之路的遗产理论开展进一步的探讨和深化，甚至包括丝绸之路的遗产整体构成原理，也还存在一系列值得探讨的问题。如何界定对丝路遗产价值有意义的地理－文化单元，以及如何依托这些单元来切分更具相对完整性的路网单元，即所谓的"廊道"？相邻遗产廊道之间的衔接关系以及丝路整体的构成模式如何建立，目前采取的切分路网、分而治之的遗产申报策略存在着重大历史事件活动轨迹的断裂问题如何应对，等等。

为此，中国建设科技集团为促进中国的丝绸之路遗产研究，在主持"丝绸之路：长安－天山廊道的路网"申遗咨询工作的基础上，特设专项课题予以深化。

三、丛书的架构

本套系列丛书作为中国建设科技集团的课题成果，继续坚持"用遗产的眼光看、从文明的角度论"，采用世界文化遗产研究的技术路线，探讨长距离交流交通对人类文明与文化发展的历史作用及其过程。即：在2014年的遗产理论研究基础上，以中国与周边国家、地区为主，开展更为系统的相关遗产资料收集、梳理与分类研究，辑成一套以《总论篇》与《城镇篇》《交通篇》《生产篇》《宗教篇（上）》《宗教篇（下）》《墓葬篇》等组成的系列丛书。

作为一种系统的陈述方式，总论以下各卷作为第一卷的分类研究予以展开。每卷由两部分组成：

第一部分为1或2篇主旨论文，依据总论提出的文化线路遗存分类原理，邀请专家撰写以中国为主的丝路分类遗存概况研究。我国此前从未就此角度展开过系统研究，故此每位专家均以自身的学术专长与资料积累为基础，展开程度不同的专题研究，是为探索之始。

第二部分以图文并茂的分类案例汇编为主，共选择了290处丝路遗存，其中绝大部分拥有国家级的保护身份，相当一部分属于世界文化遗产，故以下简称"遗产点"。考虑到目前尚缺乏全面涵盖丝绸之路的遗产理论和价值研究，本系列丛书选择以点带面的方式，遗产点收集范围明显突破主旨论文内容——在空间上以中国为主、扩至亚欧大陆或更大范围，在时段上仍遵循《概念文件》界定的丝绸之路遗产时段：公元前2世纪—公元16世纪。大量遗产点的汇编介绍，不仅是对第一部分主旨论文所涉案例基本信息的细化，更重要的是借此喻示丝绸之路的世界格局。遗产点的遴选与编撰均由中国建筑设计研究院建筑历史研究所课题组完成（遴选说明详见本书"凡例"）。

各卷撰写情况简要说明如下：

- **总论篇**

此卷由"天山廊道"申遗文本主笔人、中国建筑设计研究院建筑历史研究所名誉所长陈同滨研究员负责，尝试"用遗产的眼光看、从文明的角度论"的方式，撰写主旨论文《丝绸之路：人类文明与文化交流融汇的伟大遗产——基于文化遗产理论的丝绸之路研究》，内容是对前此"天山廊道"申遗阶段形成的研究内容进行梳理和汇总，主要包括：一、丝绸之路概念的缘起与传播；二、丝绸之路——作为文化线路类型的遗产；三、超大型的文化线路——"丝绸之路：长安－天山廊道的路网"的构成分析；四、世界遗产的突出普遍价值声明——"丝绸之路：长安－天山廊道的路网"的价值研究；五、"丝绸之路：长安－天山廊道的路网"的特征；六、超大型线路遗产的理论探索；七、结语。

论文之后收录了大量与"天山廊道"申遗相关的国际文件和文献目录。这些文件凝聚了国际资深遗产专家辛勤的探索与智慧的思考，对于了解和学习丝绸之路如何作为文化遗产、如何构成文化线路，都具有十分重要的意义。借本书出版之际以摘录的方式介绍给中国同行，希望能促成更多的学者和年轻人参与丝绸之路这一人类伟大遗产的研究与保护事业，展开诸如丝绸之路作为文化线路遗产的概念定义、时空范畴、基本构成、遗产分类、线路（廊道）特征、发展分期等专题探索，激发出遗产价值对于当代社会发展的种种意义。

- **城镇篇**

主旨论文：《丝绸之路上的都城与城镇》，由北京大学考古文博学院陈凌教授撰写，分为4章展开：一、引言；二、帝国都城与丝绸之路的开辟与繁盛；三、西域城邦与东西方文化交流；四、结语。

遗产点介绍：基于对丝绸之路遗产的主题价值——见证由大宗丝绸贸易促成的文明交流与互动，选择了70处（国内29处、国外41处）分布于丝路交通节点上的城镇遗迹，类型分为都城与城镇2大类。所谓"节点"，是相对于整个交通交流的路网而言，其中包括文化线路的交通交流端点与路网的枢纽中心，以及交通沿线、沿海的商贸重镇。故此，本卷的遗产点近30%属于世界文明史上的帝国或统一王朝的都城，即不同地域、不同时期、不同文化的文明中心，其余遗产点以地方政权的中心城镇与帝国、王朝的商贸重镇为主，也包含少量在丝绸之路的交通交流上具有突出意义的城镇遗址；同时，这些遗产点基本包含了人类文明史上主要宗教信仰的中心所在。

- **交通篇**

主旨论文：《丝绸之路上的交通与保障》，由长期工作在新疆维吾尔自治区文物局的李军副局长撰写，分为 2 章展开：一、陆上丝绸之路的开辟与构成；二、海上交通线路的开辟与构成。

遗产点介绍：基于对文化线路遗产交通特性的强调，选择了 43 处（国内 41 处、国外 2 处）分布于丝路路网上的各类交通设施与保障遗迹予以介绍，类型涉及道桥、关隘、戍堡、烽燧、驿站、屯田、港口设施、灯塔、航海祭祀等 9 种。

- **生产篇**

生产类丝路遗存依据文化线路理论，主要指丝路贸易商品的生产基地。丝绸、陶瓷和茶叶 3 大商品是世界公认的中国主要出口贸易产品。本卷特约丝绸研究和水下考古 2 位专家撰写主旨论文，分别阐述了丝绸、陶瓷两种重要商品在陆上、海上丝绸之路的贸易变迁和陆上、水下重要考古发现，以及中外文化与技术的交流。

两篇主旨论文：

《海上丝绸之路上的陶瓷生产与贸易》由国家文物局考古研究中心孟原召研究员撰写，分为 6 章展开：一、引言；二、陶瓷：海上丝绸之路上的重要商品；三、唐五代：海上陶瓷贸易的兴起；四、宋元：海上陶瓷贸易的繁荣；五、明清：海上陶瓷贸易的新发展；六、余论：腹地经济与海上丝绸之路的发展。

《丝路之绸：丝绸在丝绸之路上的作用》由中国丝绸博物馆馆长赵丰研究员撰写，分为 5 章展开：一、丝绸在丝绸之路中的地位；二、丝绸之路上的丝绸发现；三、丝路上的丝绸传播；四、丝路上的丝绸技术交流；五、结语。

遗产点介绍：由于丝路的商贸产品生产与集散基地没有受到充分重视、列为保护对象，使得公元前 2 世纪—公元 16 世纪期间的中国丝绸生产遗址遗迹（包括种植、养殖、编织与贸易集散地）几乎无处寻觅。不得已，本卷只能选择 28 处（国内 24 处、国外 4 处）以中国境内的外销瓷烧造遗迹与海上沉船遗址为主的遗址点，作为这一时期丝绸之路的生产类物证，是为遗憾！

- **宗教篇（上）**

佛教传播是在本廊道传播的各类宗教中影响最大、遗存最多的题材，特辟专卷予以论述。内容包括：

主旨论文：《丝绸之路与佛教艺术》，由中国社会科学院考古研究所李裕群研究员撰写，主要论述了佛教遗迹中的石窟寺类型，分为 6 章展开：一、绪言；二、古代西域佛教遗迹；三、河西及甘宁黄河以东石窟寺遗迹；四、中原地区佛教遗迹；五、南方地区佛教遗迹；六、古代印度、中亚及其他国家佛教遗迹。

遗产点介绍：基于佛教在本廊道的突出价值——对中国乃至整个东亚文化产生了广泛、持久的价值观影响，选择了 69 处（国内 59 处、国外 10 处）分布于亚洲丝路沿线的佛教遗迹，并在主旨论文涉及的石窟寺类型之外，适量选择了具有一定代表性的佛教建筑，作为研究内容的弥补；进而参照石窟寺的地域分区，归纳为古代西域地区佛教遗迹、河西—陇东地区佛教遗迹、中原及周边地区佛教遗迹、南方地区佛教遗迹、东北地区佛教遗迹、蒙古高原佛教遗迹、青藏高原佛教遗迹、古代印度与中亚、东北亚地区佛教遗迹共 8 片区域展开介绍。

- **宗教篇（下）**

此卷是对佛教之外的其他宗教传播的专题研究，内容包括：

主旨论文：《丝绸之路上的多元宗教》，由北京大学考古文博学院陈凌教授撰写，分为 5 章展开：一、引言；二、火祆教在丝绸之路的传播与遗存；三、摩尼教在丝绸之路的传播与遗存；四、景教在丝绸之路的传播与遗存；五、伊斯兰教在丝绸之路的传播与遗存。

遗产点介绍：基于丝路的多元文化价值特征，选择了 43 处（国内 28 处、国外 15 处）分布于中国、中亚、南亚等丝路沿线的各类宗教遗迹，包括琐罗亚斯德教（祆教）、摩尼教、景教、伊斯兰教和印度教等，其中早期传播的宗教遗迹留存至今的颇为零散，特别是摩尼教因其传教策略"尽可能利用其他已经流传深远的宗教的教义、仪式和称谓"，故在中国大多依托佛教石窟寺或佛寺进行传播。

- **墓葬篇**

主旨论文：《丝绸之路起点的特殊陵墓》，由陕西省考古研究院焦南峰研究员撰写，分为 4 章展开：（一）丝绸之路及其起点；（二）丝绸之路起点的特殊墓葬；（三）分析与认识；（四）结语。作为长期主持秦汉陵墓发掘研究的考古工作者，作者凭借第一手资料将专题论述集中于这一地区，并首次从丝路关联价值角度予以解读。

遗产点介绍：基于墓葬类遗址对丝路相关重大历史事件的人物或不同生活方式的人群具有独特的见证作用，选择了 37 处分布于丝路沿线的墓葬遗迹，并在主旨论文涉及的关中地区帝王陵墓之外，适量增补了具有一定代表性的其他墓葬，作为分布格局的补缺；进而参照地理—文化单元的概念，分为中原地区墓葬、河西走廊及两侧地带墓葬、青藏高原地区墓葬、河套地区墓葬、西域地区墓葬、内蒙古高原地区墓葬、东南沿海地区墓葬以及欧洲及中亚、西亚墓葬展开介绍。其中包括 4 处国外的重要人物墓葬，作为研究拓展的初试。

以上生产、墓葬 2 卷的主旨论文受研究专长和实物资料的限定，论述内容有所局限，但对于开启一种新的研究角度，仍不失为一种极有意义的尝试，也促使我们意识到研究视野的拓展方向。

丝绸之路是横跨欧亚大陆的超大型文化遗产，是涉及了半个地球的人类文明与文化发展史上最重要的文化遗产，亦可谓是迄今为止全球规模最大的、内涵最丰富、同时也是最具世界意义的文化遗产。有关它的价值研究超越了国境和民族，对人类的过去、现状和未来都具有重要意义。中国作为丝绸之路的东方文明中心，有责任持续推进丝绸之路的遗产研究与保护工作，为国家的"一带一路"倡议作出应有的积极贡献。

序二

陈　凌

丝绸之路申遗经历了一个比较长的时间。不同国家的学者在此期间交流碰撞，实际上都是前人和今人智慧的结晶，因此历史上赫赫有名的丝绸之路终于在 21 世纪的某一时刻成了世界遗产。

在申遗的过程中，确实必须关照每个遗产点的价值，但又必须跳出单个遗产点的限制，有一个整体的宏观认识。至少就我个人而言，这方面的素养是远远不够的。但从另一方面说，在整个申遗过程中也学到了许多新的知识，有了一点新的思考。

就遗产本身的价值而言，与其说是遗址本身体现的，还不如说是从整体的结构体系来体现的。丝绸之路申遗包含了城镇、烽燧、宗教遗存、墓葬等不同类型的文化遗产。这些遗产点既从不同层面展现了丝绸之路的面相，同时它们各自也因为丝绸之路而被界定了意义。

城镇是一个地区的中心平台，能够比较集中地呈现一个区域的社会经济和文化水平。丝绸之路上的城镇经济和多元文化，主要还是因为居民成分的多元。来自不同地区、不同文化、不同族群的人聚居一地，在接触和交往过程中往往会碰撞出新的火花，衍生出新的文化艺术。这个过程往往是不自觉的，渐变的，因此新衍生的文化艺术中不同元素的结合更为自然，不会给人拼凑斧凿之感。这也是丝绸之路上艺术文化往往出人意表、绚烂瑰奇的原因。

墓葬反映了人们对于另一个世界的想象与认识，更是反映了现实世界的生存状态。从墓葬出土的材料中，可以看到不同族群的联系是相当紧密的。事实上，可以说丝绸之路上的族群不存在绝对的"纯粹"，往往都是你中有我，我中有你。陈寅恪先生论及北朝历史时曾经提出文化之关系较重、种族之关系较轻的观点，我想，这个观点对于丝绸之路上古代人群同样是适用的。

古代宗教既是人们的信仰，某种程度上讲也是古代意识形态的重要组成部分。丝绸之路上宗教多元，不同宗教往往相互借鉴。还可以看到，宗教在丝绸之路沿线传播的过程中，也在不断地调适，以适应不同区域的现实。这就是宗教的地方化和本土化的过程。

丝绸之路的一个必不可少的要素就是道路交通。在这次丝绸之路申遗中，明确的道路遗迹是崤函古道。曾经有人质疑，为什么丝绸之路申遗很少包含道路遗产？我的理解是：虽然遗产点中少有道路，但道路已在其中。要说明白这个问题，先得明白古代道路是怎么构成的。笼统地说，道路大致可以分为两类，一类是官道，一类是非官道。官道是主要的交通干线，所连接的是各级城镇，一般沿途配备有必要的邮驿、烽燧设施，为交通和信息传输提供安全保障。比如《新唐书·地理志》所记载的道路，主要就是这一种类型的官道。非官道是交通支线，沿途则不配备邮驿、烽燧设施。不过，两类道路并不是截然分开的，一方面是支线最终都与主干线相连，另一方面是必要的时候官方行动也可能利用非官道。因此，确定了城镇、邮驿、烽燧等要素之后，实际上也就确定了连接彼此的交通道路。当然，丝绸之路道路的意义绝不仅是物化层面的，更重要的则是道路所承载的经济、文化通道功能。

固然丝绸之路是言人人殊，但或许有一些共同的认识。就我个人的理解，丝绸之路是一种世界体系格局，丝绸之路不是固化在一定的时空之内，而是跨越时空的。支持丝绸之路跨越时空的，不仅仅是丝绸之路上文化的多元交融、绚丽多彩，更是丝绸之路背后所蕴含的包容、互鉴的精神。可以说，在丝绸之路上的每一个人都在创造着丝绸之路。不同器乐、不同声部的合奏，造就了丝绸之路宏大的交响乐章。一种器乐、一种声音，只能是独奏，不可能成为震撼人心的交响乐。我想，这就是丝绸之路辉煌的根本成因，也是可以跨越时空给予后人启迪的可贵之处。

凡例

本系列丛书共收集290处丝绸之路相关遗产点，分别归入《城镇篇》《交通篇》《生产篇》《宗教篇（上）》《宗教篇（下）》《墓葬篇》6卷予以分类介绍。有鉴于丝绸之路的遗产点在时空范围和历史文化内涵方面涉及面甚广，大多存在历史年代累叠、研究深度不足或相关价值特征研究更为欠缺等复杂情况。为此，本书以"丝绸之路：长安－天山廊道的路网"所含33处遗产点为基础，扩展至《世界遗产名录》及预备名单中与丝绸之路相关的部分遗产点，适量补充我国与丝绸之路相关的若干重要文物保护单位与个别案例，参照文化遗产的陈述模式制定下列统一编撰体例：

遗产点编撰凡例：

—遗产点的遴选范围依据丝绸之路范畴"两片三线"：陆上丝绸之路和海上丝绸之路，沙漠绿洲路线、草原路线、海上路线。

—遗产点的时间范畴依然依据UNESCO世界遗产中心2007年的《概念文件》规定，以公元前2世纪至公元16世纪为限，即以张骞出使西域为起始、至大航海时代之前为终止。

—遗产点的空间范畴受现有资料限定，以中国为重点，外扩至亚欧大陆乃至整个世界的丝绸之路分布范围。

—遗产点的分类主要依据文化线路理论，以其对丝绸之路整体价值的支撑角度，即历史功能进行归类介绍，必要时辅以地域分类。

—各类遗产点的排序以其在丝路上发挥显著作用的年代为准，忽略对最初始建年代或16世纪之后繁荣时期。

—遗产点的介绍体例包含了表格、文字、图片三种形式。其中：表格选择遗产点的基本信息予以简要表述；文字以世界遗产的"简要综述"体例结合系列集合遗产的特性编撰，由"事实性信息"和"丝路关联和价值陈述"两部分内容组成，侧重介绍遗产点与丝绸之路相关的历史信息；图片包括线图与照片，力求直观表达遗产形象。

—遗产点的介绍内容主要来自世界遗产、文物保护单位等遗产保护身份的基础材料及其研究论著。

丝路总图绘制凡例：

—丝绸之路总图的路线勾勒以表达亚欧大陆以丝绸为大宗贸易的"贸易大动脉"为主要意向，不同历史时期的路线分别以不同色彩标注；有关宗教传播、外交使者及其他重要历史事件的路线暂不予标注。

—路网节点城市以现代城市名标注，后附不同历史时代曾用名。

—节点城市之间的连线仅为交通关系示意，不对应道路地形的实际走势。

目 录

序一
序二
凡例

丝绸之路起点的特殊陵墓

一、丝绸之路及其起点　　002
二、丝绸之路起点的特殊陵墓　　004
三、分析与认识　　025
四、结语　　034

中原地区墓葬

张骞墓
Tomb of Zhang Qian　　040
茂陵
Mao Mausoleum　　044
霍去病墓
Tomb of Huo Qubing　　049
卫青墓
Tomb of Wei Qing　　054
金日䃰墓
Tomb of Jin Midi　　057
苏武墓
Tomb of Su Wu　　059
班超墓
Tomb of Ban Chao　　061
康业墓
Tomb of Kang Ye　　063
安伽墓
Tomb of An Jia　　070
固原北朝及隋唐墓地
Cemetery from the Northern Dynasty
to the Tang Dynasty in Guyuan　　080
李寿墓
Tomb of Li Shou　　097
昭陵
Zhao Mausoleum　　103
乾陵
Qian Mausoleum　　108

李晦墓
Tomb of Li Hui　　115
桥陵
Qiao Mausoleum　　118
金仙长公主墓
Tomb of Princess Jin Xian　　123
李倕墓
Tomb of Li Chui　　125
韩休墓
Tomb of Han Xiu　　131

河西走廊及两侧地带墓葬

雷台汉墓
Leitai Tomb of the Han Dynasty　　136
锁阳城墓群
Tombs of Suoyang City　　143
骆驼城墓群
Tombs of Luotuo City　　146
果园—新城墓群
Tombs in Guoyuan and Xincheng　　152

青藏高原地区墓葬

热水墓群
Tombs in Reshui　　166
藏王墓
Tombs of the Tibetan Kings　　177

河套地区墓葬

西夏陵
Western Xia Imperial Tombs　　186

西域地区墓葬

阿斯塔那古墓群
Astana Cemetery　　202
麻赫穆德·喀什噶里墓
Mehmud Qeshqeri Mazar　　211

内蒙古高原地区墓葬

元上都墓葬群
Tombs in the Site of Xanadu　　216

东南沿海地区墓葬

合浦汉墓群
Hepu Tombs of the Han Dynasty　　224
普哈丁墓（扬州伊斯兰墓）
Tomb of Puhaddin　　228
渤泥国王墓
Tomb of the King of Boni　　232
郑和墓
Tomb of Zheng He　　234
洪保墓
Tomb of Hong Bao　　236

欧洲及中亚、西亚墓葬

奥古斯都陵墓
Mausoleum of Augustus　　240
卡布斯拱北塔
Gonbad-e Qābus　　248
霍贾·艾哈迈德·亚萨维陵墓
Mausoleum of Khoja Ahmed Yasawi　　251
帖木儿家族陵墓
Gur-Emir Ensemble　　256

图片来源　　263

丝绸之路起点的特殊陵墓

焦南峰

一、丝绸之路及其起点

1877 年，德国地理学家李希霍芬的《中国》一书出版。在该书中，他将公元前 114 年至公元 127 年间，连接中国与河中（阿姆河与锡尔河之间，又称"河间"）及印度的丝绸贸易路线，称为"Seiden Stra Ssen"，英文将其译成"Silk Road"，中文译为"丝绸之路"。这是第一次出现"丝绸之路"的命名。1910 年，德国学者阿尔巴特·赫尔曼（A.Herrmann）在《中国和叙利亚间的古代丝绸之路》一书中又作了进一步阐述，并将丝绸之路延伸至叙利亚。一般认为丝绸之路的开通时间始于张骞出使西域，其实，张骞的两次出使目的是联合月氏和乌孙在军事上夹击匈奴，与开拓商路并无多大关系。但在客观上，张骞出使西域确实强化了中西文化的交流。在汉代以后，这条道路上使团与商队络绎不绝，成为中西交通的一条主要通道。现在，"丝绸之路"已成为古代中国、中亚、西亚之间，以及通过地中海（包括沿岸陆路）连接欧洲和北非的交通线的总称。由于中国与中亚、西亚等地的这条交通线必须途经一段沙漠地带，所以人们又称其为"沙漠丝绸之路"（或称"绿洲丝绸之路"）。与这一名称相对，后来学术界又陆续提出"草原丝绸之路""海上丝绸之路"和"西南丝绸之路"等。[1]

"丝绸之路的最东端始于中国的西安，位于该国的中东部。这条 4 000 英里（6 400km）的公路在到达欧美地区的地中海之前越过了山脉和沙漠。主要路线基本上是沿着中国的长城到西北，绕过塔克拉玛干沙漠，攀登帕米尔山脉，越过阿富汗，并继续向西穿过当今的伊朗、伊拉克、叙利亚和土耳其。运输的货物可以通过地中海运输到罗马。很少有人旅行整个路线，相反，一个商人把货物沿着一个预定的段，然后把商品传递给下一个交易者。在公元 200 年的鼎盛时期，这条路线和它在罗马土地上的西方联系构成了地球上最长的道路。"[2]

丝绸之路的基本走向奠定于两汉时期。大致东起汉长安，西行上陇坂，通过河西走廊的武威、张掖、酒泉、敦煌四郡，出玉门关或阳关，穿过白龙堆，先到楼兰。楼兰在古盐泽（蒲昌海，今罗布泊）西北部（今罗布泊已近干涸，古楼兰遗址几全为荒沙所湮没）。汉代西域有南北两道，楼兰是两道的分岔点。北道自此向西，沿孔雀河至渠犁（今新疆库尔勒）、乌垒、轮台，再西经龟兹（今新疆库车）、姑墨（今新疆阿克苏）至疏勒（今新疆喀什）。南道自鄯善的□泥城，西南沿今车尔臣河，经且末、□弥、于阗（今新疆和田）、皮山、莎车至疏勒。由于千余年戈壁沙漠向南移徙，致使南道东段逐渐沙漠化，伊循、□泥诸古城均为沙漠所湮，所以今日的南道东段已远在古南道之南。永平十六年（公元 73），汉明帝刘庄北攻匈奴取得伊吾庐（今新疆哈密）地，置宜禾都尉屯田，以

---

[1] 刘庆柱：《"丝绸之路"的考古认知》，《经济社会史评论》2015 年第 2 期。
[2] 不列颠百科全书英文第15版2011年修订版。

阻截北匈奴之南侵西域。此后，汉与匈奴曾互争伊吾而多次交战，终于迫使北匈奴西迁，汉政府遂开辟了"新北道"，改由敦煌向北到伊吾，然后西经柳中、高昌壁、车师前部交河城（均在今吐鲁番盆地）、越天山经焉耆至龟兹，再循汉北道西行抵疏勒。新北道即《魏略》中的"中道"，以别于天山以北的"北新道"。南北朝时期，南朝与西域的往来，主要是从益州（今四川成都）北上龙涸（今四川松潘），经青海湖旁吐谷浑都城，向西经柴达木盆地，北上敦煌，或更向西越阿尔金山口进入西域鄯善地区。因经吐谷浑境，故称"吐谷浑道"或"河南道"。隋唐时期，又开辟了从瓜州北玉门关经伊州、北庭、轮台，越伊犁河至碎叶进入中亚的道路，即北新道。

从疏勒西行越葱岭抵大宛（今苏联费尔干纳），其都城贵山约当今柯束德 (Khojend)。自此向西为粟特、大夏。大夏都城监氏城 (Bactra) 即今阿富□巴尔赫；自疏勒直西穿阿莱高原 (Alai) 亦可直抵大夏。大夏之西为安息，其都城为番兜（和椟，Hecatompylos）。自粟特西南行达安息东边重镇木鹿 (Merv)，亦西抵番兜。自此西南行过阿蛮 (Ecbatana)，抵底格里斯河岸边的斯宾 (Ktesiphon，安息晚期的都城)，渡河数里即商业重镇斯罗 (Seleucea)。自斯宾顺流而下可达波斯湾头的条支 (Charax-Spasinu)。自斯罗西北行可达古叙利亚的安条克 (Antiochea)，《魏略》名之曰安都；自此再南下，越西奈半岛可达埃及的亚历山大城，此城在汉代或称犁□（黎轩）。后汉时，罗马势力已占有近东、北非，汉人对以亚历山大城为中心的罗马帝国东部称为大秦。另外，沿汉的南道"自皮山西南往乌□，涉悬度，历□宾，六十余日行至乌弋山离国"。悬度为今之达丽尔 (Darel)，□宾即今阿富□首都喀布尔，乌弋山离为今锡斯坦 (Seistan)。这条路东汉时称作"□宾乌弋山离道"。从乌弋山离西南陆路行可抵条支。又，从□宾南行至印度河上游，沿河南下可达河口处罗马人名曰"Barbaricon"的海港，即今巴基斯坦的卡拉奇。

除上述丝路干线外，还有许多支路，而且随着时代变迁，政治、宗教形势的演变，各条路线在不同时期的重要性不同，而且不断有新的道路开辟。近年来一些学者更扩大了丝绸之路的概念，认为上述道路只是通过沙漠绿洲的道路，因称之为"绿洲道"。又将通过中国北方游牧民族地区的道路称为"草原道"，经中国南方海上西行的道路称为"海上丝绸之路"或"南海道"，等等。[1]

近年来，有日本学者认为日本平城京是丝路的东延终点，中国一些学者也认为洛阳应是丝路起点，"但按科学的观点来分析，开通丝绸之路最早，外国侨民来华居住最多，西域文化影响最深，国都建立时间最长，丝路畅通时国力强，考古文物种类最全，出土文物精华水平最高，现存名胜古迹最广……只能是汉唐长安"。[2]

1 孙毓棠、杨建新、荣新江：《中国大百科全书》1993年出版（第一版）。
2 葛承雍：《丝绸之路的起点》，《华夏文化》1995年1期。王仁波：《丝绸之路的起点——长安》，《文博》1991年第2期。

二、丝绸之路起点的特殊陵墓[1]

"丝绸之路—天山廊道"世界遗产项目作为线性遗产，经过的路线长度大约5 000km，包括各类共33处遗产点，申报遗产区总面积为42 680hm²，遗产区和缓冲区总面积为234 464hm²。其中，中国境内有22处遗产点，包括河南省4处、陕西省7处、甘肃省5处、新疆维吾尔自治区6处。哈萨克斯坦境内有8处遗产点，吉尔吉斯斯坦境内有3处遗产点。

中国：汉长安城未央宫遗址、唐长安城大明宫遗址、汉魏洛阳城遗址、隋唐洛阳城定鼎门遗址、锁阳城遗址、北庭故城遗址、高昌故城、交河故城、玉门关遗址、新安汉函谷关遗址、崤函古道石壕段遗址、悬泉置遗址、克孜尔尕哈烽燧、大雁塔、小雁塔、兴教寺塔、彬县大佛寺石窟、麦积山石窟、炳灵寺石窟、克孜尔石窟、苏巴什佛寺遗址、张骞墓。

哈萨克斯坦：开阿利克遗址、塔尔加尔遗址、阿克托贝遗址、库兰遗址、奥尔内克遗址、阿克亚塔斯遗址、科斯托比遗址、卡拉摩尔根遗址。

吉尔吉斯斯坦：阿克·贝希姆遗址、布拉纳遗址、科拉斯纳亚·瑞希卡遗址。

值得加以认真思考的是，上述33处遗产点中城镇遗产占了相当大的比重，陵墓类遗产只有张骞墓一处，这固然充分说明了城镇在丝绸之路中特殊重要的地位，但也不能依此否认陵墓在丝绸之路中同样具有非常重要的价值和地位，因为"古代墓葬作为人类共有的文化遗产，自然是古代物质文化史的重要组成部分，也一直是考古学研究的核心对象。其中，中国古代帝王墓葬——陵墓，作为政治集权和礼仪规范的重要载体，更是古代丧葬礼制研究的重中之重。毫无疑问，中国古代陵墓及其相关制度反映的是不同时代政治背景、思想文化、宗教观念乃至礼仪化的行为方式，对认识两千多年中国封建社会的上层建筑、意识形态以及价值趋向都有着深刻的历史意义和社会意义"。[2]"一座陵墓就是一段历史"，研究丝绸之路没有陵墓、陵墓资料不足都是有所缺憾的。

张骞墓之所以能够入选"丝绸之路—天山廊道"世界遗产项目，是因为张骞是"凿空西域"第一人，具有重要的历史意义。但是，具有中西文化交流价值和意义的"特殊"陵墓，早于张骞墓、重要于张骞墓的陵墓在丝绸之路起点的古城长安及其附近数量相当可观，现择要遴选若干予以简述[3]：

雍城秦公一号大墓：

雍城秦公陵园位于凤翔县南五畤原上，总面积约21km²，目前已钻探出的49座大墓，平面形制可分为"丰"字形、"中"字形、"甲"字形、"凸"字形、刀把形、"目"字形、圆形等七个类型（图1）。根据陵园内的兆沟设置，可分为14座分陵园，陵园大多坐西朝东。每座陵园及部分"中"字形大墓的周围都设有中兆沟或内兆沟，将陵园

---

[1] 笔者注："特殊"陵墓是指具有外来文化遗迹、遗物及文化因素的陵墓。

[2] 韩国河：《究古代陵寝之道，结精力弥满之实——读〈中国古代物质文化史·陵墓〉》，《中原文物》2017年第6期。

[3] 笔者注：长安及其附近具有外来文化遗迹、遗物及文化因素的陵墓数量非常可观，限于篇幅、规模和影响，仅选择以下二十余座，挂一漏万，敬请理解。

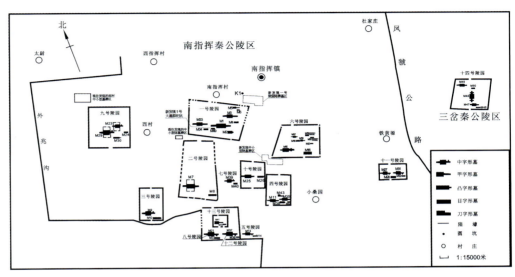

图1　秦公陵园墓葬分布图

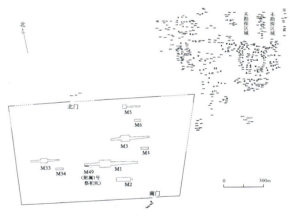

图2　秦公一号陵园平面分布图

区分为双隍、单隍及组合三种类型。已发掘的秦公一号大墓，平面为"中"字形，坐西向东，全长300m，面积5 334m²，深24m，是已发掘的先秦墓葬中最大的一座（图2）。墓室由主椁室、副椁室、72具箱殉、94具匣殉等组成。该墓虽屡经严重盗扰，但仍出土铜、铁、金、陶、玉、漆器及纺织品等各类文物3 500多件。根据墓中出土的石磬刻文，基本确定大墓的墓主为春秋晚期的秦景公。[1]

秦公一号大墓出土了较多的金器和铁器。其铁铲、铁锸经鉴定为生铁铸件，或有专家认为其冶炼技术从西边传入。[2]而大量金器的使用"从文化传统上来说，应该是结合了中国北方青铜文化、西北地区传统文化和欧亚草原文化的因素。黄金象征着墓主的财富与地位"。[3]

宝鸡益门二号墓

益门二号墓位于宝鸡市南郊。墓葬为一长方形土圹竖穴墓，墓向315°。口大底小，东西壁略有收分，南北壁垂直。上口长3.2m，宽1.5m；底长2.8m，宽1.5m，深5.5m。底部四周有活土二层台，中间置一棺一椁。棺椁之间设长方形头箱，长1.2m，宽0.4m。

---

[1] 陕西省雍城考古队韩伟《凤翔秦公陵园钻探与试掘简报》，《文物》1983年第7期；陕西省雍城考古队《凤翔秦公陵园第二次钻探简报》，《文物》1987年第5期；焦南峰、段清波《陕西秦汉考古四十年纪要》，《考古与文物》1998年第5期。王辉等《秦公大墓石磬残铭考释》，山西省考古研究院、宝鸡市考古研究所、宝鸡先秦陵园博物馆《雍城一、六号秦公陵园第三次勘探简报》，《考古与文物》2015年第4期，《"中央研究院"历史语言研究所集刊》第67本第2分册（台北），1996年。韩伟、焦南峰《秦都雍城考古综述》，《考古与文物》1988年第5、6期。

[2] 赵化成：《试论秦文化与域外文化的交流》，《秦文化论丛》第十二辑第34页，三秦出版社，2005年。韩汝玢：《中国早期铁器（公元前5世纪以前）的金相学研究》，《文物》1998年第2期。

[3] 王辉：《张家川马家原墓地相关问题初探》，中国考古学会丝绸之路专业委员会、宁夏文物考古研究所编：《丝绸之路考古（第1辑）》，科学出版社，2018年。

随葬器物均分别集中置于头箱和棺内中部。头箱内以马具为主,棺内主要为兵器及装饰品等。

墓葬出土的随葬品,未见礼器及其他生活用器。从质地上分为金、铁、铜、玉、石及料器(原始玻璃)等几类,共200余件组。金器(含金铁、金铜等合成器)共104件组,有带钩、带扣、泡、环、络饰、串珠、金柄铁剑、金环首铁刀、金方首铁刀、金环首料背铁刃刀、金环首铜刀等(图3、图4)。[1]

西安北郊战国铸铜工匠墓

1999年12月,西安北郊北康村发掘了被认为是战国晚期"汉族"铸铜工匠墓,此墓为一座带壁龛的竖穴墓道土洞墓,墓道呈口大底小的长方形,墓室长3m,宽1.04m。墓室北壁前端有一壁龛,宽0.84m,高0.65m,进深0.52m。墓葬坐东面西,葬具为木质单棺,棺长2.2m,前端宽0.8m,后端宽0.65m。内葬一人,右侧身屈肢葬,头向西,骨架已朽,成年男性,年龄不详。墓葬出土铸铜陶模具、陶器、铜器、铁器、漆器、石器等多件,铜座漆器、铁刻刀等放在棺内墓主头前,铸铜模具、砺石等器物摆放在墓主人身体两侧及脚下。

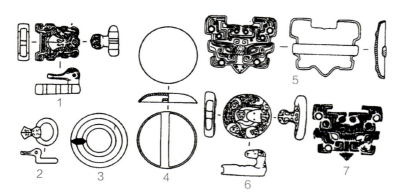

图3 宝鸡益门二号墓M2出土金器
1、6.带钩(M2：25、M2：23) 2.带扣(M2：34) 3.环(M2：43) 4.圆泡(M2：46) 5、7.方泡(M2：27)(均为2/3)

图4 宝鸡益门二号墓出土料珠串饰、料管串饰

1 宝鸡市考古工作队：《宝鸡市益门村二号春秋墓发掘简报》,《文物》1993年2期。陕西省雍城考古队韩伟《凤翔秦公陵园钻探与试掘简报》,《文物》1983年第7期;陕西省雍城考古队《凤翔秦公陵园第二次钻探简报》,《文物》1987年第5期;焦南峰、段清波《陕西秦汉考古四十年纪要》,《考古与文物》1998年第5期。王辉等《秦公大墓石磬残铭考释》,《"中央研究院"历史语言研究所集刊》第67本第2分册(台北),1996年。韩伟、焦南峰《秦都雍城考古综述》,《考古与文物》1988年第5、6期。

1 陕西省考古研究所：《西安北郊战国铸铜工匠墓发掘简报》，《文物》2003年第9期。
2 秦始皇兵马俑博物馆、陕西省考古研究所：《秦始皇帝陵铜车马发掘报告》，文物出版社，1998年。
3 赵康民：《秦始皇帝陵北二、三、四号建筑遗址》，《文物》1979年第12期；张占民：《秦始皇帝陵北寝殿建筑群的发现与初步研究》，《考古与文物动态》三秦出版社，1996年版。始皇陵秦俑坑考古队：《陕西临潼鱼池遗址调查简报》，《考古与文物》1983年第4期。
4 秦俑考古队：《秦始皇帝陵西侧"丽山食官"建筑遗址清理简报》，《文博》1987年第6期。
5 陕西省考古研究所、秦始皇兵马俑博物馆：《秦始皇陵园内城南墙试掘简报》，《考古与文物》2002年第2期。
6 陕西省考古研究所、秦始皇兵马俑博物馆：《秦始皇帝陵园考古报告》（2000），文物出版社，2005年。
7 陕西省考古研究所始皇陵秦俑坑考古发掘队：《秦始皇帝陵兵马俑坑一号坑发掘报告》，文物出版社，1988年版。始皇陵秦俑坑考古发掘队：《秦始皇帝陵东侧第二号兵马俑坑钻探试掘简报》，《文物》1978年第5期；秦俑考古队：《秦始皇帝陵东侧第三号兵马俑坑清理简报》，《文物》1979年第12期；秦俑坑考古队：《秦始皇帝陵东侧马厩坑钻探清理简报》，《考古与文物》1980年第4期。
8 陕西省考古研究所等：《秦始皇帝陵园考古报告》（1999），科学出版社，2000年10月第1版。陕西省考古研究院、秦始皇兵马俑博物馆：《秦始皇帝陵园考古报告》（2001－2003），文物出版社，2007年。张占民：《秦陵之谜新探》，陕西人民美术出版社，1998年。
9 秦俑考古队：《临潼上焦村秦墓清理简报》，《考古与文物》1980年第2期。
10 始皇陵秦俑坑考古发掘队：《秦始皇陵西侧赵背户村刑徒墓》，《文物》1982年第3期。程学华、董虎利：《秦陵徭役刑徒墓》，陕西旅游出版社，1992年。
11 陕西省考古研究院、秦始皇兵马俑博物馆：《秦始皇帝陵园考古报告》（2001－2003），文物出版社，2007年。
12 袁仲一：《秦始皇兵马俑研究》，文物出版社，1990年。

图5　铸铜工匠墓出土双羊纹饰牌模　　图6　铸铜工匠墓出土双马纹饰牌模　　图7　铸铜工匠墓出土鹰虎搏斗纹饰牌模

墓葬出土的25件为铸造铜饰牌及其他器物的陶质母模具中有人物纹饰牌模1件、动物纹饰牌模4件、泡饰模10件、器件模10件。其中双羊纹、双马纹、鹰虎搏斗纹等饰牌图案具有浓郁的北方草原鄂尔多斯式青铜文化风格（图5～图7）。1

秦始皇陵

秦始皇帝陵地处陕西省西安市临潼区骊山北麓，东西长约7km，南北宽8km，总面积达56.25km^2（图8）。调查、勘探和发掘研究证实，秦始皇陵的中心是高大的封土，封土现呈底边长345～350m的平顶四方锥形土台。封土以下是"亚字形"竖穴土圹墓室，封土以外是呈南北向长方形的内城和外城。内城南北长1 355m，东西宽580m，周长3 870m；由一条横贯东西的夯土墙和一条仅贯穿北部的南北向夯土墙隔成三个小城。封土及其周围排列密集、数量众多包括已经发掘的铜车马坑、文官俑、铠甲坑、百戏俑坑在内的陪葬坑遍布南城2，西北部为建筑遗址区3，东北小城内为陪葬墓区和一些建筑遗址。外城南北长2 185m，东西宽976m，周长6 322m。在东、南、西内外城垣之间也分布了较为密集的陪葬坑和"丽山食官"等建筑遗存4。内、外城均由夯土筑成5，内城目前共发现6座城门，东、西、南三面各有一门；北垣上有二门，内城中部东西向隔墙上有一门；外城目前发现有东、西、南三门。2000年，勘探曾在东西内外城之间分别发现一组南北对称的、独立的三出阙6。陵园外城垣以东分布有举世闻名的兵马俑坑三座和马厩坑130多座7（图9、图10）。北侧发现了出土有大量动物骨骼和青铜水禽的陪葬坑多座8（图11）。西侧除了原来发现的为上焦村陪葬墓9和修陵人墓地10外，新勘探发现大型陪葬墓6座，一座"中"字形，南北向，全长109m，东西宽26m，深15.5m；五座甲字形，墓道皆居北，通长47～71.6m11。西北侧为石料加工遗址12。南侧发现了为阻挡南部骊山山洪侵袭而夯筑的防洪大坝。

最新的研究发现，"秦始皇帝水禽坑出土的彩绘青铜水禽表面芯撑孔、底部方孔以及铸造缺陷均经铜片镶嵌补缀工艺进行补缀。铜片镶嵌工艺是先在缺陷周边加工出方形或长方形凹槽，然后再将厚度与凹槽深度相似、大小与凹槽一致的铜片嵌于其中进行修补。补缀所用铜片采用铸造和热锻两种工艺，其材质与水禽基本一致，均为含锡量在10%～11%的铜锡二元合金。铜片镶嵌补缀工艺在我国先秦时期青铜器上尚未发现，地中海周边地区公元前5～前6世纪用失蜡法铸造的大型青铜雕像上却颇为常见，暗示其在中国秦代的出现可能受到了来自西方地中海文明的某种影响。"[1]

[1] 邵安定等：《秦始皇帝陵园出土青铜水禽的补缀工艺及相关问题初探》，《考古》2014年第7期。

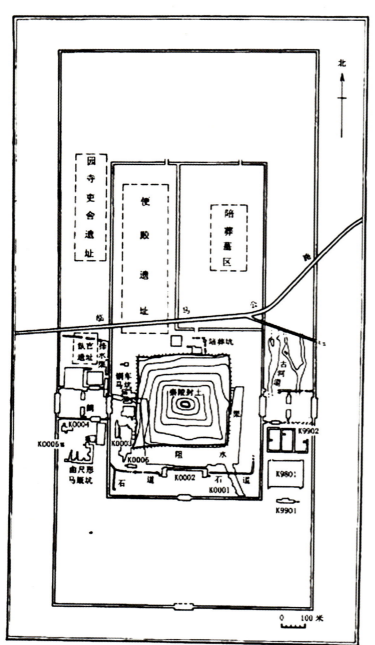

图8　秦始皇帝陵园内外城遗迹分布示意图

图9　一号铜车马

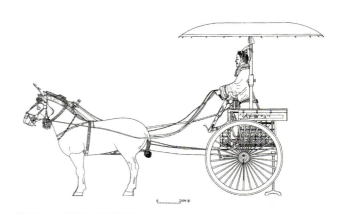

图10　一号铜车马侧视图

图11　水禽坑（K0007）出土青铜鹤

图12 霍去病墓马踏匈奴

霍去病墓

汉武帝茂陵最重要的陪葬墓之一，位于茂陵陵园东北侧，南距茂陵东司马门道62m，西距卫青墓33m。封土为山形，底部平面为不规则南北向长方形，长93.4m，宽59.2m，现存高度19.3m。上散置巨石，并有十余件大型的汉代石刻。墓葬形制为甲字形，坐南朝北。墓道平面为梯形，墓室形制不清。封土及墓室晚期环绕有园墙，形成墓园，平面为南北向长方形。由于博物馆叠压，大多不可探，现知墓园宽东西105m，南北可探长度56.8~63.7m。夯土园墙宽2.3~4.2m，土质坚硬密实。

霍去病在其短暂的军事生涯中，六次出击匈奴，屡建奇功，为开拓汉朝疆域作出了卓越贡献，被汉武帝封为冠军侯，官至骠骑将军、大司马。英年早逝后，汉武帝为其"为冢像祁连山"，以表功勋。山形封土上放置石人、石马、石虎、石象、石牛、石鱼等14件大型石雕作品，"马踏匈奴"（图12）、"怪兽吃羊"、"人与熊"、"石人"等既是我国目前所发现的时代最早、最完整的大型陵墓石刻艺术珍品，也是中外陵墓制度、雕刻艺术交流与融合的历史见证。[1]

卫青墓

汉武帝茂陵最重要的陪葬墓之一，位于茂陵陵园东北侧，东与霍去病墓相邻。封土为山形。封土西北角残缺，底部平面为南北向长方形，长110m，宽88.3m，高25.5m。墓葬平面为南北向"甲"字形，斜坡墓道在南侧。封土四周筑有围墙，平面为南北向长方形，封土四周围绕有园墙，形成墓园。平面为南北向长方形，长233m，宽117.7m，墙宽

[1] 陕西省考古研究院、咸阳市文物考古研究所、茂陵博物馆：《汉武帝茂陵考古调查、探简报》，《考古与文物》，2011年2期。

图13 卫青墓封土

1 陕西省考古研究院、咸阳市文物考古研究所、茂陵博物馆：《汉武帝茂陵考古调查、探简报》，《考古与文物》，2011年2期。

2.3～4.2m。南、西、北墙正中发现有门址，东门在茂陵博物馆内，情况不明。门阙及周围堆积有较多的汉代砖块、板瓦残片等，门道处踩踏层，质地坚硬。墓园内有祔葬墓一座，坐北朝南，"甲"字形竖穴土圹墓。《汉书》载：卫青墓"起冢象庐山"（图13）。[1]

汉武帝茂陵

位于陕西省兴平市南位镇策村南，由茂陵陵园、茂陵邑、陪葬墓区及修陵人墓地四大部分组成，分布范围东西约9.5km、南北约7km（图14）。

茂陵陵园平面呈东西向长方形，长2 080m，宽1 390m，外围墙宽2.5～3.5m。围墙之外有壕沟围绕。外围墙对应帝陵墓道的位置设有四门。茂陵陵园是整个茂陵的核心区，内含汉武帝帝陵陵园、李夫人墓园、陵庙、寝殿、便殿等礼制建筑遗址、245座外藏坑、9座中型祔葬墓及完备的道路系统。汉武帝帝陵陵园平面近方形，边长435.5m，四周有围墙围绕，围墙中部各有"三出阙门"一组，帝陵封土位于陵园的中心，形状呈覆斗形，底部边长约243.2m、高48.5m。帝陵墓穴压在封土之下，形制为"亞"字形，由位于封土底部的墓室及四条斜坡墓道组成。在墓室四周呈放射状分布有155座外藏坑。

茂陵邑位于茂陵陵区的东北部，面为东西向长方形，长1 813.8～1 844.5m、宽1 534～1 542.7m。茂陵邑周围未发现围墙遗迹，四周以壕沟为界。壕沟宽2.1～5m，深2.5～3.2m，截面为"U"形。茂陵邑内道路纵横交错，主干道为"三横七纵"，将整个陵邑划分为约三十个矩形区间（里），其中位于中间的东西向道路L2和南北向的道路L4较宽，是陵邑的两条中轴线。陵邑南部的详细钻探发现，里坊内以东西向夯墙为主，辅以南北向夯墙，形成多个独立的建筑空间，周围散落有大量的建筑材料，似为居民住宅；其东南钻探发现多座陶窑遗址，疑为与制陶有关的手工业作坊区。

茂陵陵园外东、南、西、北四面均有大量西汉墓葬，目前可以确定为茂陵陪葬墓的

图14 汉武帝茂陵封土

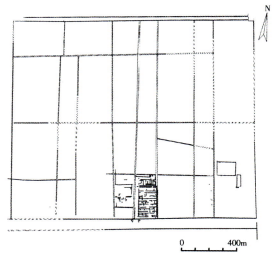
图15 茂陵邑平面布局图

共113座（组）。东侧较为集中，规模也较为宏大，大中型墓葬达到26座；南侧发现大中型墓葬8座；西侧发现大中型墓葬12座；北侧仅发现大中型墓葬5座。这些陪葬墓中14座规模较大的仍保留有封土，有卫青墓、霍去病墓、金日䃅墓、阳信家、霍光墓等。封土形状有山形、覆斗形和圆丘状三种。拥有独立墓园的有5座，分别为卫青墓、霍去病墓、延家、上官桀墓等。墓葬形制有竖穴土圹墓和洞室墓两种，均为单一墓道的"甲"字形。

茂陵修陵人墓地在茂陵陵区的西端，距茂陵陵园西围墙约3.8km的陈王村附近（图15）。勘探证发现其面积约4万m²。在发掘的30m²的探方内共发现小型长方形竖穴土坑墓16座，南北共四行，行距0.4～0.5m。墓葬间距0.2～0.5m，长1.8～2.1m，宽0.4～0.6m，深2～3m。葬式多为仰身直肢葬，无葬具及随葬品。按试掘区域的埋葬密度推算，整个墓地埋葬尸骨至少在2万具以上。

茂陵虽然一直没有进行较大规模的考古发掘，但也出土了金、银、铜、铁、玉、石、陶等质地的大量珍贵文物。嵌金犀牛铜尊：造型写实、生动，犀牛昂首站立，体形肥壮，头顶部有独角。犀牛通体饰流云纹，云纹周围镶嵌有金丝，线条舒展、流畅，工艺精美。青玉辅首：一块完整的青玉雕刻而成，平面呈方形，宽35.6cm，高34.2cm，厚14.7cm，重10.6kg。表面饰"四神"纹浮雕，下部有双眼、牙齿及衔环的鼻梁，环已缺失（图16）。辅首一般多用金属制成，有的表面镏金，用玉石制作的不多见，像这样巨型的青玉辅首更为罕见。[1] 鎏金铜马：长76cm，高62cm。铜马昂首站立，张口，竖耳。马的肌肉和筋骨匀称合度，造型朴实稳重（图17）。鎏金银竹节铜熏炉：通高58cm，底径13.3cm，口径9cm，盖高6cm。熏炉盖形如博山，透雕多层山峦，加之金银勾勒宛如一幅秀丽的山景。支撑炉体的是竹节形高柄，共五节，每节上饰竹叶枝杈。柄上端铸有三条蟠龙，龙头承托炉盘。龙身鎏金，龙爪鎏银，

[1] 茂陵文物保管所王志杰、陕西省博物馆朱捷元：《汉茂陵及其陪葬冢附近新发现的重要文物》，《文物》1976年第7期。

图16　茂陵出土四神纹青玉辅首

图17　茂陵一号冢出土鎏金铜马

图18　金日䃅墓封土

1　张廷皓：《西汉鎏金铜马的科学价值》，《农业考古》1985年第2期。
2　咸阳地区文管会、茂陵博物馆：《陕西茂陵一号无名冢一号从葬坑的发掘》，《文物》1982年第9期。
3　作者注：原简报为"现存封土为覆斗形"。此墓封土原始应为圆丘形，经后期多次破坏及修复变成覆斗形。参见：焦南峰：《秦汉帝王陵封土研究的新认识》，《文物》2012年12期。
4　陕西省考古研究院、咸阳市文物考古研究所、茂陵博物馆：《汉武帝茂陵考古调查、探简报》，《考古与文物》，2011年2期。

线条活泼流畅，形象生动自然。底座上透雕的两条蟠龙翘首张口。炉盖与底座外侧刻有铭文，内容有熏炉名称、重量、制造机构、生产时间等。[1]

　　茂陵的宏观形制、布局虽然看不出外来文化的影响，但其出土遗物中"嵌金犀牛尊""鎏金铜马""鎏金银竹节铜熏炉"所蕴含的外来文化因素是显而易见的；其陪葬的卫青墓、霍去病墓、金日䃅墓所反映的丝绸之路舶来的遗迹与遗物东西是确凿的；作为"凿空西域"的决策人的"地下王国"，其陵墓对丝绸之路的研究价值是毋庸置疑的。[2]

金日䃅墓

　　汉武帝茂陵最重要的陪葬墓之一，也是唯一入葬茂陵的外族人陪葬墓。

　　位于汉武帝茂陵东北侧，西距霍去病墓76.6m，东邻茂陵邑西围沟。现存封土为圆丘形[3]。底部平面为南北向长方形，长43m，宽34.3m，高11.3m。墓葬平面甲字形，坐北朝南。墓道平面为梯形，封土外暴露长度28.7m，墓道开口距地表1m，填土为五花夯土，密实坚硬。墓室未探，形制不清（图18）。[4]

张骞墓

　　位于陕西省城固县博望镇饶家营村附近。根据1938年西北联大对张骞墓墓道和墓前

图19　张骞墓东侧石虎　　　　　图20　张骞墓西侧石虎　　　　　图21　李诞墓石棺前挡板线刻图

石兽进行的发掘清理成果得知：张骞墓为斜坡墓道洞室墓（砖券洞室墓），坐西朝东。由封土、墓道、第一道封门、甬道、第二道封门、第三道封门、墓室组成。封土呈馒头状，底部周长64m，高2.71m。第一道封门为砖砌拱门，第二道封门亦由砖砌。第三封门及墓室未发掘，详细状况不明。张骞墓南侧162.4m处的水田中，有东西相对的石兽一对，东侧石兽长1.75m，高0.85m；西侧石兽全长1.55m，高0.84m；两石兽相距14.4m（图19、图20）。出土文物有汉代五铢钱14枚，汉砖、汉瓦及陶器残片一批，残损的铁器、铜器残片若干。出土似封泥印字纹陶片一块，正面有阳文四字，字体在篆隶之间，疑为"博望侯造（或铭）"。出土石兽虽已残损，然大体完整，制作古朴，线条雄劲，形态生动，风格与茂陵霍去病墓前石刻相似，应为西汉遗物。[1]

李诞墓

位于西安市北郊，距安伽墓650m，南距康业墓500m，东距史君墓2 000m。为斜坡墓道单室砖墓，墓室内出土一具石棺，帮板、挡板和盖板上有线刻图案，局部贴金。两侧帮板线刻为左龙右虎，前后挡板线刻朱雀与玄武，盖板则线刻伏羲女娲。主题图案为中国传统题材，但周围的守护神、龛楣式门额、覆莲座、火坛、摩尼宝珠、火焰纹等则有异域宗教文化因素（图21）。据墓志分析，李诞及祖、父可能是来自天竺的婆罗门人，李诞于正光年间远游罽宾，回长安后，曾受皇帝赏赐。[2]

康业墓

2004年发现于西安市北郊，南距安伽墓仅150m。墓葬为斜坡墓道穹隆顶单室墓。墓主人卧于围屏石榻之上，骨架完好，口含罗马金币，手握布泉。墓出土有与安伽墓类似的围屏石榻，特殊的是采用中原传统的线刻手法，而不是其他粟特人石质葬具所使用的减地浮雕手法（图22、图23）。围屏北侧分为6幅屏，东西两侧分别分为2幅屏，各幅屏风图案以身着中原服装的男、女主人会见宾客及出行为主，似在表现主人在长安的生活场景。其中男主人会见宾客2幅、女主人会见宾客5幅，车马出行3幅，不见其

1　国立西北联合大学历史系：《张骞墓古物探寻计划书》，《国立西北联合大学校刊》1938年第1期；何士骥、周国亭：《发掘张骞墓前石刻报告书》，《国立西北联合大学校刊》1938年第1期；陈显远：《西北联大发掘张骞墓始末》，《文博》1988年第4期；姚远：《西北大学对汉博望侯张骞墓的发掘与增修》，《西北大学学报》2006年第11期；卜琳等：《张骞墓考古记述》，《考古与文物》2013年2期。

2　程林泉、张翔宇、张小丽：《西安北周李诞墓初探》，《艺术史研究》第七辑，2005年。

图22　康业墓围屏石榻线刻示意图

图23　康业墓围屏石榻

几座粟特人出土围屏石榻上常见的射猎、宴饮、乐舞及与祆教祭祀有关的内容。发掘者认为，从葬俗及围屏内容来看，墓主人康业的汉化程度远高于安伽、史君和虞弘。[1]

安伽墓

位于今西安北郊北二环一带，墓葬形制为斜坡墓道 5 天井砖砌甬道穹隆顶单室墓。天井两侧均有挂剑武士形象壁画，两重砖封门后为紧闭的石门，墓志及墓主散乱的骨殖放置于甬道，墓室摆放围屏石榻一副。石门及围屏石榻共刻绘图案 60 副。门楣、左、右竖框为线刻缠枝石榴纹；半圆形门额刻绘罕见的祆教祭祀场面，画面中央为一三驼座火坛，火坛左右各有一供案，上置各种供品，祭司用神杖指向供品，熊熊烈火左右各有一飞天状乐神，分别弹奏曲颈琵琶及箜篌，左右角各跪供养人（图24）。围屏石榻三面屏风主

---

[1] 程林泉、张翔宇：《西安北周康业墓》，《2004年中国重要考古发现》，文物出版社，2005年。

图24 安伽墓石刻彩绘门额门楣

图26 史君墓石椁

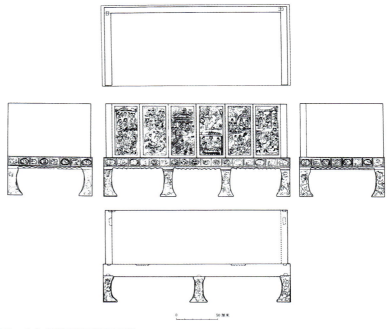

图25 安伽墓围屏石榻复原图

要刻绘墓主人安伽作为萨保的奢华的出行、宴饮、舞蹈、狩猎、盟誓等场景；榻板左、右及正面刻绘33幅与祆教有关的动物图像，这些图像分鸟、兽两类，相间排列；七条腿线刻11幅与信仰有关的镇墓神像。画面色彩鲜艳、栩栩如生（图25）。

安伽墓是国内首次科学发掘的墓主人生前担任萨保这一政教合一官职的粟特贵族墓。它的发现为我们探寻和研究北周入华粟特贵族墓地及其葬俗提供了翔实的资料。[1]

史君墓

位于西安市北郊，西距安伽墓2 200m，墓葬由长斜坡墓道、5天井和甬道、墓室组成。出土一具基本完好的歇山顶殿堂式石椁，面阔五间、进深三间，石椁外周浮雕彩绘四臂守护神、祆神及狩猎、宴饮、出行、商队、祭祀和升天等画面（图26）。雕刻内容和风格带有明显的西域色彩和祆教特征，特别是祆神图像和升天图像均可与祆教教义相联系（图27）。根据出土石椁南壁椁横枋上发现的汉文和粟特文题刻，可知墓主人史君生前为凉州萨保。[2]

图27 史君墓石椁东壁升天图

---

[1] 陕西省考古研究所：《西安北周安伽墓》，文物出版社，2003年；陕西省考古研究所：《西安北郊北周安伽墓发掘简报》，《考古与文物》2000年6期；陕西省考古研究所：《西安发现的北周安伽墓》，《文物》2001年第1期。

[2] 西安市文物保护考古所：《西安市北周史君石椁墓》，《考古》2004年7期；杨军凯：《入华粟特聚落首领墓葬的新发现——北周凉州萨保史君石椁图像初释》及《图示中国的粟特考古新发现（一）史君墓》，均见。

李寿墓

位于陕西省三原县陵前镇焦村附近，1973 年 3～8 月对该墓进行了发掘。

李寿墓由封土、地面石刻、墓道、过洞、天井、小龛、甬道和墓室及组成，南北全长 44.4m。该墓残存封土堆为不规则的圆锥形，高 8.4m，周长 61.4m。封土上由北向南排列着石人 1 件（另一件未见）、石羊 2 对石虎 1 对石柱 1 对。斜坡墓道水平长 16.8m，宽 2.3m。过洞 4 个、高 2.46m、长 1.8～2.6m、宽 2m。天井 5 个，深 5.5～9.5m，长 1.1m，宽 2.4m。小龛 2 个，位于第 4 过洞东西壁。木门已朽，门外用平砖封堵。甬道砖券拱顶，以中段石门为界分为前后两段，全长 6.8m，宽 1.86m，高 2.3m。石门西门柱被破坏，石门后放龟形墓志一合。墓室长 3.8m，宽 3.95m，顶部塌陷，原高度不明。四壁用条砖平砌，拱形土洞顶。墓室西部放石椁一具。椁由 28 块青石组成，通高 2.2m，底长 3.55m，宽 1.85m。歇山顶，面宽三间。进深一间。东侧中间装有可以开合的石门两扇。椁内木棺已朽，葬式不明。

出土随葬器物共出土陶、瓷、金、铜、铁、玉、料、玻璃等质地的器物 333 件。壁画与石椁线刻画是其较为重要的发现。李寿墓过洞、天井、甬道、墓室均绘满了壁画，其主要内容有：飞天图、狩猎图、骑马出行图、步行仪仗图、列戟图、重楼建筑图、农耕图、牧养图、杂役图、内侍图、侍女图、佛寺图、道观图、庭院图、马厩图、贵妇游园图及龟兹乐舞图。内容丰富、技艺娴熟、色彩艳丽、保存较好（图 28）。石椁外部为浅浮雕并绘彩贴金的四神、武卫、文武侍从、骑龙驾凤的仙人等画面。里面为阴线刻的乐舞、侍女、内侍、男女侍从、星相等画面、椁底四周为阴线刻十二生肖像。其中位于椁内北壁的坐部乐伎图有女伎十二人，坐作三排。所持乐器：竖箜篌、直颈琵琶、曲颈琵琶、筝、笙、横笛、排箫、筚篥、铜 、答腊鼓、腰鼓、贝。位于椁内东壁南壁立部乐伎图由十二名女伎组成，分立三排。所持乐器为：笙、排箫、竖笛、铜钱、横笛、筚篥、琴、筝、曲颈琵琶、直颈琵琶、竖箜篌。根据发掘者研究，其坐部乐伎图、立部乐伎图演奏的乐舞"当属龟兹部乐。"[1]（图 29、图 30）

唐太宗昭陵

位于陕西省礼泉县东北部的九嵕山，是唐太宗李世民和长孙皇后的合葬陵园，现有遗存主要包括玄宫、石窟、栈道、游殿、礼制建筑、石刻雕像、陪葬墓等（图 31）。

昭陵玄宫开凿于九嵕山主峰南坡半山腰处，形制不明。玄宫之上的山顶修建有游殿和屋舍。主峰南部靠近山顶处发现石窟多孔，一大多小，壁面或涂抹石灰，残留有壁画痕迹。个别窟内曾出土陶俑残块，或认为这些石窟可能用于放置陪葬品，用途相当于秦汉帝陵中的陪葬坑。

礼制建筑共四处，位于主峰北麓北司马门遗址由南向北依次降低形成三级台地，南部中间为一座面阔五间进深两间的大型建筑基址，其东西两侧是陈列十四国番君长像和昭

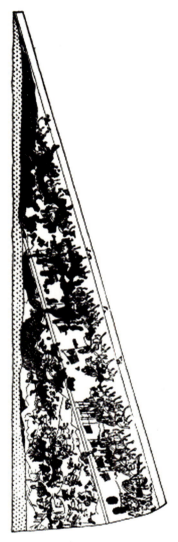

图28　唐李寿墓墓道东壁出行图壁画线描图

[1]　陕西省博物馆、文管会：《唐李寿墓发掘简报》，《文物》1974 年 5 期。

1 张建林等：《2002年度唐昭陵北司马门遗址发掘简报》，《考古与文物》2006年第6期。
2 张建林等：《唐昭陵十四国蕃君长石像及题名石像座疏证》，《碑林集刊》2004年第4辑。

图29　唐李寿墓石椁内壁立式奏乐图线描　图30　唐李寿墓石椁内壁坐姿奏乐图线描

陵六骏的长廊建筑；第二台地两侧有两座小型殿址，台地北侧是门址和围墙，门址为庑殿式结构。第三道地，分布列戟廊和门阙各一对。门阙形制"三出阙"，夯土筑就，用石条和条砖包砌。[1] 主峰南麓的朱雀门遗址门址结构和北司马门相同，北部中间为庑殿式结构的门址，门址两侧与夯土城墙相连接，门外两侧为一对列戟廊和一对门阙，形制为"三出阙"。主峰西南的寝宫遗址南北长297m，东西宽242m，外墙宽2.2～3.3m，遗址分南北两部分，开三门。主要建筑分布在遗址南半部分，共发现南北两组大型建筑基址，四周分布有廊道建筑，将遗址分割为数个大小不等的院落。

昭陵现存石刻有北司马门内石刻群、石狮、陪葬墓石刻、历代祭祀碑等。位于北司马门内寝殿两侧的石刻长廊内陈列的"昭陵六骏"和十四国蕃君长石像是昭陵石刻的精华所在（图32）。

最新发现的蕃君长像共有13个底座以及至少9个雕像躯体（图33）。石像基本和真人等身大小，形象仿效真人，下有方形底座，正面镌刻其爵位和姓名。可以辨识的有："突厥突利可汗""突厥乙弥泥孰侯利苾可汗""新罗乐浪郡王""吐谷浑河源郡王""林邑王""薛延陀真珠毗伽可汗"等。这些石像的头部大部分残损，从其形象看有背后梳辫的突厥人形象，也有其他少数民族的形象。昭陵石狮共有2件，比例匀称，造型生动，威武雄壮。[2]

图31　唐昭陵陵山九嵕山

图32　昭陵六骏之飒露紫

图33　唐昭陵十四国番君长之一石像

经历年调查，确定昭陵陪葬墓有190座，分为山上、山下两部分，山上主要是后妃和宗亲，知名的有韦贵妃、燕妃、新城公主、长乐公主、城阳公主墓等；唯一不是后妃和宗亲的是魏征墓。山下主要是功臣和部分宗亲墓葬。

陪葬墓的墓前地面或有石人、石羊、石柱、石碑等；陪葬墓的墓冢有因山为陵和平地起冢两类，其墓室形制根据其身份和等级有斜坡墓道多天井、多过洞、多壁龛土洞式和多天井、多过洞、多壁龛砖券穹隆顶式两大类。其中韦贵妃墓、李勣（徐懋功）墓、新城公主墓、阿史那忠墓、尉迟敬德墓、张士贵墓、郑仁泰墓、安元寿墓等已经发掘，发现大量壁画，内容有仪卫、列戟、四神、出行、女侍、乐伎等；出土了"三梁进德冠"、三彩器、彩绘陶俑、天王俑、墓志等文物。[1]

最值得注意的陪葬墓是李勣墓，其封土由3个高约18m的大土堆呈倒"品"字形构成，占地多于3 000m²（图34）。据两唐书记载，这种特殊的封土形制是仿照汉代卫青、霍去病墓建造的，分别象征阴山、铁山和乌德鞬山，以彰显李勣大破突厥、薛延陀之功劳。[2]

唐高宗与武则天乾陵

位于陕西省乾县县城以北约6km的梁山上，是唐高宗李治与女皇武则天的合葬墓，也是中国唯一埋葬了两位皇帝的陵墓（图35）。

根据考古调查、勘探和发掘，乾陵现存遗迹主要包括玄宫、石窟、陵园、礼制建筑、陵园石刻、陪葬墓等。

乾陵以梁山主脉北峰为陵山，气势磅礴，气象万千；以梁山东南、西南两余脉为两翼，建两阙台，左右对称。玄宫、墓道位于陵山之下。乾陵陵园围绕梁山主峰修建有一圈城墙，平面大致呈方形，南北两门相距约1 564m，东西两门相距约1 306m，四角还建有角阙。

[1] 昭陵文物管理所：《昭陵陪葬墓调查记》，《文物》1977年10期；陕西省文物管理委员会、礼泉县昭陵文管所：《唐阿史那忠墓发掘简报》，《考古》1977年2期；陕西省博物馆、礼泉县文教局唐墓发掘组：《唐郑仁泰墓发掘简报》，《文物》1972年7期；陕西省文管会、昭陵文管所：《陕西礼泉唐张士贵墓》，《考古》1978年3期；昭陵博物馆：《唐安元寿夫妇墓发掘简报》，《文物》1988年2期；昭陵博物馆：《唐昭陵长乐公主墓》，《文博》1988年3期；昭陵博物馆：《唐昭陵李勣(徐懋公)墓清理简报》，《考古与文物》2000年3期；昭陵文物管理所：《唐尉迟敬德墓发掘简报》，《文物》1978年5期；陕西省考古研究所：《唐新城长公主墓发掘报告》，科学出版社，2004年。
[2] 昭陵博物馆：《唐昭陵李勣(徐懋公)墓清理简报》，《考古与文物》2000年3期。

图34　李勣墓三峰相连墓冢

图35　北眺唐乾陵

图36　唐乾陵番酋像

图37　唐乾陵南神道鸵鸟石刻

东北角阙的西侧200m处发现了一段约400m长的夯土墙基，夯土距现宽2.05m，厚度0.2m。陵园四面各开一门，门址为夯筑砖砌，宽约25m，进深约15m，为面阔5间、进深2间的庑殿式建筑。门址两端分别连接城墙墙体。陵园四门门外两侧各立有1对石狮，一对门阙。南门、东门石狮保存较好，西门、北门石狮或有残缺。石狮外侧的一对门阙，未发掘，应为三出阙。陵园西门石狮与门阙之间发现一处大部损毁的建筑基址，只剩北侧边缘局部，残长约4m，进深约2m，平面应为方形或长方形，或为列戟廊之局部。

乾陵北门外除石狮外，还发现有5对石刻，由北向南依次是石马三对（多残）、石虎（残缺）一对，最南的一对石刻只剩下夯土基础和两件石刻底座，石刻主体未发现。乾陵南门与门阙之间东西两侧有60尊蕃臣像，均呈站立状，面向神道。原背后刻有国名、民族、官职、爵位和姓名，现在可以辨认的只有7件，如朱俱半国王斯陁勒、于阗王尉迟敬等（图36）。石人姿态、形象多有不同，有的手持笏板，有的双手拢袖，从其形象和姓名来看多为与唐王朝有羁縻关系的少数民族首领和使节，或者是归亿的官员。蕃臣像以南，南神道东西两侧立有两通石碑，西侧为述圣记碑，东侧为无字碑。述圣记碑高6.85m，宽1.86m，由碑座、碑身、顶部三部分构成。碑文传为武则天亲撰，记述了高宗的生平事迹和文治武功。无字碑通高8.03m，碑身为整块巨石雕刻而成，碑身两侧线刻升龙图，碑额为圆形，两侧八螭下垂。

两通石碑之南，乾陵南神道两侧，发现石刻18对，由南向北依次为1对华表、1对翼马、1对鸵鸟、5对石马（旁均有牵马人）、10对石人。其中鸵鸟位于翼马以北，呈站立姿态（图37）。鸵鸟原产于非洲和西亚，自汉代引入中原，永徽元年（650年）吐火罗曾遣使进贡鸵鸟。[1]乾陵下宫位于陵山之下西南部的台地上。

乾陵陪葬墓分布于陵园东南的山下缓坡地带，地面现存封土15座（图38）。相关资料显示，乾陵陪葬墓的墓主至少有章怀太子李贤、懿德太子李重润、泽王李上金、许王

---

[1] 李毓芳：《唐陵石刻简论》，《文博》1994年3期。

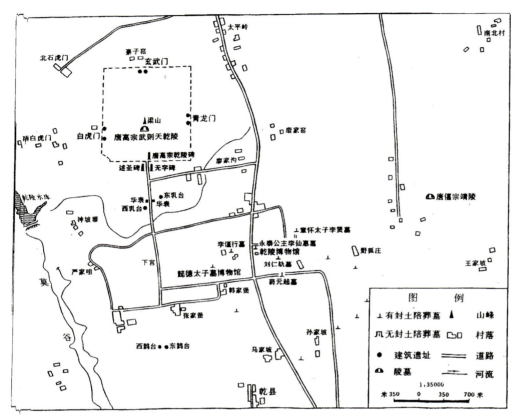

图38　唐乾陵陪葬墓分布示意图

李素节、邠王李守礼、义阳公主、新都公主、永泰公主、安兴公主、特进王及善、中书令薛元超、特进刘审礼、礼部尚书左仆射豆卢钦望、右仆射刘仁轨、左卫将军李谨行、左武卫将军高侃、左卫将军李谨行、杨再思等18人。

已经发掘的有：懿德太子、章怀太子、永泰公主、中书令薛元超、左卫将军李谨行等五座墓葬。这些墓葬或有单独的墓园，均有圆丘形封土，或有地面石刻。一般由斜坡墓道、过洞、天井、壁龛、甬道、墓室等部分组成，绘有壁画，设有石门，有些使用大型石椁，陪葬品丰富、精美。

乾陵主陵未发掘，故出土文物多为砖瓦等建筑材料。懿德太子墓等陪葬墓虽经盗扰，还是出土了大量的珍贵文物，如：玉质欧体阴刻填金哀册、三彩俑、贴金甲马武士俑、大型线刻彩绘石棺椁及陶、金、玉、铜、铁等各类器物。此外还有墓室内绘制的众多壁画，其内容包括：天象、青龙、白虎、太子出行仪仗、列戟、阙楼、驯豹、架鹰、宫女、内侍等，这些壁画色彩绚丽，画中人物姿态各异，真实地反映了唐代宫廷的日常生活。[1]

唐睿宗桥陵

位于蒲城县城西北15km处的坡头乡安王村北部的丰山。桥陵"因山为陵"，由墓道、

---

[1] 贺梓城：《"关中唐十八陵"调查记》，文物编辑委员会编《文物资料丛刊·3》，文物出版社，1980年，第139～153页；杨正兴：《乾陵勘察情况》，《文物》1959年7期，第73页；陕西省文物管理委员会：《唐乾陵勘察记》，《文物》1960年4期，第53～60页。
陕西省文物管理委员会：《唐永泰公主墓发掘简报》，《文物》1964年1期；陕西省博物馆、乾陵文教局唐墓发掘组：《唐章怀太子墓发掘简报》，《文物》1972年7期，第13～25页；陕西省博物馆、乾县文教局唐墓发掘组：《唐懿德太子墓发掘简报》，《文物》1972年7期，第26～32页。

图39　唐桥陵南神道及陵山丰山　　　　　图40　唐桥陵南陵门西阙遗址

玄宫、陵园、神道、门阙、石刻、蕃酋殿、下宫等礼制建筑、陪葬墓等组成（图39）。

墓道、玄宫由丰山主峰南坡半山腰处向山体内开凿营建，内情不详；陵园围绕陵山修筑城墙，四面各开一门，四角均置角阙。南、北门外有神道。一对门阙分置神道两侧。石刻立于陵园四门及神道两侧，东、西两门外各有石狮1对，北门神道两侧置石狮1对、列仗马3对；南门神道两侧由南向北分别置华表1对、獬豸1对、鸵鸟1对、仗马5对、石人10对、石狮一对。神道南端有乳台阙1对。陵园西南有下宫建筑群，整个陵园最南端还筑有鹊台1对。

桥陵南门门址、南门西侧门阙、南门西侧蕃酋殿基址经过考古发掘。南门门址保存情况较差，目前仅剩下残缺的夯土台基、散水和基础部分。南门西阙形制"三出"，主体为夯土高台，四周原有石块铺设的基石和砖包砌的壁面（图40、图41）。根据出土筒瓦、板瓦和鸱尾等遗物分析，台上原有阙楼建筑，阙体之下有放大的夯土基础。阙体现存最高处2.8m，最低处仅0.6m。南门西侧蕃酋殿遗址夯土基址平面形状为曲尺形。从发掘的迹象可以推测整个蕃酋殿只有背侧墙，没有两端的山墙，很可能是敞开的廊式建筑，蕃酋像在殿内面向南依次排列。

下宫遗址位于桥陵乳阙西南，由内外两重围墙构成外宫城及内宫城，平面呈南北向长方形，内外两宫城均在南墙中部设门。外宫城南北515m，东西401m。外宫城与内宫城之间建筑遗址分布较少，主要分布在西北及东南部。内宫城处于外宫城偏东北的位置，南北290m，东西252.5m，主体建筑集中分布于内宫城。

桥陵石刻中较为独特的要数蕃酋、华表、獬豸和鸵鸟。蕃酋像原至少应有数尊，现蕃酋殿址上仅立有1件，头及脚均残，仅存躯体部分，残高1.65m。圆雕而成，身着交领窄袖长袍，滚边衣领，双臂于胸前执物。南神道西侧华表通高8.64m，由基座、柱身、柱头三部分组成。基座为方形，其上雕刻覆莲十二瓣，中间是圆形承托柱身的隼窝，柱

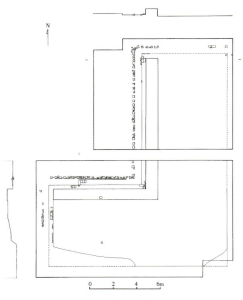

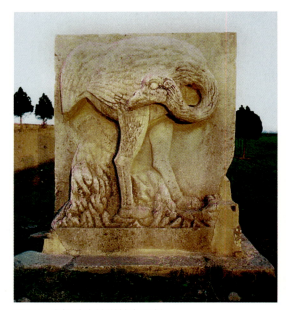

图41　唐桥陵南陵门西侧番酋殿平面图　　图42　唐桥陵南神道西华表　　图43　唐桥陵南神道鸵鸟石刻

身呈八棱形，自下而上略有收杀。柱身表面阴线刻缠枝卷叶纹，局部辨认出天马行空图案。华表顶部为圆形须弥座承托火珠（图42）。南门神道西侧的獬豸长2.95m，高2.9m，兽头、双翼，瞋目张口，獠牙外露，体态高大宽厚，造型威武凶猛。鸵鸟位于獬豸以北，高浮雕在一件石屏正面，鸵鸟两脚迈步状，腿微弯曲，脖子低垂向身后扭望，体态造型充满动态的美感（图43）。

桥陵出土遗物主要是各种建筑材料，包括条砖、方砖、板瓦、筒瓦、莲花瓦当、鸱尾等。

桥陵陪葬墓位于陵园的东南部，考古调查和勘探共发现墓葬15座，确认为陪葬墓有12座，大多由围沟、园墙、角阙、门阙、天井、过洞、封土等组成。能够认定墓主的有9座，分别为惠庄太子李㧑、惠文太子李范、金仙长公主、凉国公主、鄎国公主、代国公主、彭国公云麾将军李思训、王贤妃以及唐惠陵（让皇帝李宪夫妇合葬墓）。[1] 其中惠庄太子李㧑、金仙长公主、唐惠陵等已经发掘。[2]

井真成墓：

2004年西北大学博物馆征集到一盒唐开元二十二年（公元734年）的墓志，志盖为方形覆斗状，青石质，边长37cm，篆文"尚衣奉御府君墓志之铭"十二字；墓志呈正方形，石质，边长39.5cm，厚7cm。楷书，题为"赠尚衣奉御井公墓志文并序"，碑文一百七十一字，九字疑出土时为铲车所坏（图44）。墓志主人为日本遣唐使，"公姓井，字真成。国号日本，才称天纵"。[3]

---

[1] 陕西省考古研究院：《唐睿宗桥陵陵园遗址考古勘探、发掘简报》，《考古与文物》2011年1期；王世和、楼宇栋：《唐桥陵勘察记》，《考古与文物》1980年第4期。

[2] 陕西省考古研究所、蒲城县文体广电局《唐惠庄太子墓发掘简报》，《考古与文物》1999年2期；陕西省考古研究所：《惠庄太子李㧑墓发掘报告》，科学出版社，2004年；陕西省考古研究所：《唐李宪墓发掘报告》，科学出版社，2005年；此外，桥陵陪葬墓中的金仙公主墓也已经发掘，惜其发掘资料至今尚未完全发表。

[3] 贾麦明：《新发现的唐日本人井真成墓志及初步研究》，《西北大学学报（哲学社会科学版）》2004年第6期。

图44　井真成墓志志盖拓片

稍后，笔者根据相关线索与考古研究院同仁孙铁山一起曾到传出墓志的西安东郊纺织城现场实地考察并勘探。虽未有新的发现，但也从附近基本建设施工的工人处了解到出土此合墓志的是一座小型斜坡墓道洞室墓。

井真成墓是迄今为止，国内发现的唯一有关日本遣唐使或随从人员的墓葬。

李倕墓

位于西安南郊曲江乡孟村之北，现西安理工大学曲江校区之内。

该墓为斜坡墓道土洞墓，由斜坡墓道、3个过洞、3个天井、甬道及墓室组成，坐北朝南，方向178°。墓上方未发现封土痕迹。墓室平面略呈梯形，进深2.6m，宽约2.2m，穹隆顶已坍塌，复原高度约为2.3m。墓室西侧有砖棺床，长2.54m，宽1.24m，南北西三面紧贴墓室壁，高出墓室地面0.24m。葬具为木棺，现仅存朽木痕迹及铁棺钉。仰身直肢，头向北方。

李倕墓的墓道、过洞、甬道及墓室原均有壁画，但保存状况很差，内容已无法辨认。

该墓没有被盗迹象，随葬器物组合基本完整，主要有陶器、瓷器、金银器、铜器、玉器、漆器以及少量残铁器、铅器等。除常见的陶器、瓷器、铜器、漆器、各类陶俑和陶塑动物等之外，最具研究价值的是中、德考古文物工作者联合提取、保护、修复的由金、铜、铁、绿松石、水晶、红玛瑙、琥珀、玻璃、象牙和珍珠及多种纺织品等部件连缀组合的"冠饰"。[1]

"李倕冠饰复原高度39cm（可高一尺）；众多饰件是用金丝（金条）与金片制成，并用金丝相连接（以金条结之）；镶嵌、粘接或串坠有珍珠、绿松石、象牙、琥珀、玻璃等（饰以五色细珠）；不少饰件上有鸾凤、鸳鸯、鸟雀以及鸟翅、尾羽的造型（为鸾鸟状）；由于使用很细的金丝和很薄的金片制作，重量也较轻（无二三分）""这样看来，有理由推测李倕墓出土的冠饰就是唐人所说的'轻金冠'"[2]"轻金冠，以金条结之，为鸾鹤状，仍饰以五彩细珠，玲珑相续，可高一尺，称无二三分""表异国所贡也"。[3]（图45）

韩休墓

2014年3～11月，陕西省考古研究院，对位于西安市长安区大兆街办郭庄村南的唐玄宗朝宰相韩休墓进行了发掘。

韩休墓形制为长斜坡墓道多天井的单室砖室墓，平面呈"刀把"形，坐北向南，方向175°。南北水平总长41.4m，深10.4m，由墓道、五个过洞、五个天井、六个壁龛、砖封门、石门、甬道、墓室、棺床等部分组成。

墓道位于最南端，平面呈南北向长方形，土圹斜坡式，口底等宽，坡度16°。过洞5个，形制、大小基本相同。平面南北向长方形，拱顶土洞式。天井共5个，形制、大小相同。南北向长方形，竖穴土圹式，壁龛六个，分别位于第二、第三、第四过洞东西两壁中下部，形制大小基本相同，平面略呈方形或梯形。各龛原用残条砖垒砌封门，现均已被毁。砖封门位于甬道延伸段南端入口处，发掘时上部已倒塌，西边残存19层砌砖。石门位

---

[1] 杨军昌、安娜格雷特·格里克、侯改玲：《西安市唐代李倕墓冠饰的室内清理与复原》，《考古》2013年08期，36-45, 2.
[2] 张建林等：《李倕墓出土遗物杂考》，《考古与文物》2015年6期。
[3] 苏鹗：《杜阳杂编中卷》，《笔记小说大观》第1册，广陵书局，1983年。

图45 唐李倕墓出土冠饰

图46 唐韩休墓石门石刻线描图

砖封门北部，以青石材雕造而成，由门额、门楣、门框、门扉、门槛、门墩等九块石材组成，相互之间用隼铆、铁门环辖控套接。石门各构件正面磨光，雕刻有精美的图案（图46）。其中门额为"对凤纹"，门楣为"双狮纹"，门扉为"手持笏板的门吏"，其余构件上均为装饰性的"绕枝忍冬、牡丹花卉"图案。石门通高180cm，面宽116cm。甬道，南接第四天井，北连墓室。平面呈南北向长方形，砖券过洞式。拱顶采用条砖顺向"漫跑法"券弓弧顶，弧顶高0.68m。甬道宽1.25m，通高1.90m，进深8.10m。墓室位于墓葬的最北端，平面略呈方形，砖券穹隆顶式。墓室平面为方形，穹隆顶。南北进深3.98m，东西宽3.96m，通高4.95m。棺床紧贴墓室西壁、南壁和北壁，南北长4.20m，最宽1.93m，高0.33m。由于盗扰严重，故葬具与葬式不清。

韩休墓虽惨遭盗掘，然劫后余生的随葬品仍然有186件（组），包括立俑、骑马俑等在内的陶俑，马、牛、羊、鸡在内的陶塑动物，陶器、瓷器、铁器、石门，及韩休和

图47　唐韩休墓墓室东壁乐舞图

夫人柳氏墓志等。

壁画是韩休墓最值得称道的发现，该墓从墓道直至墓室原绘满壁画，内容精美，描绘生动。目前保存较好的有：甬道东壁的抬箱图，墓室顶部的日月星象图，墓室南壁朱雀图，墓室西壁的6幅树下高士图，墓室北壁的玄武图和山水图以及东壁的一幅乐舞图。东壁乐舞图，画幅宽392cm，高227cm。整幅画布局可分为北部女乐队、中部舞者、南部男乐队三组；共绘14人，6女8男，11乐人2舞者1指挥。尤为有趣的是14位乐舞者中竟然有深目、鹰钩高鼻、络腮胡须的胡人6名，其中1人"右臂肘微曲，手隐袖内，左臂斜上抬起，曲肘回收。右腿直立，脚尖点地，左腿屈膝抬起后翘，通体作旋舞状"。[1]（图47）

[1] 陕西省考古研究院、陕西历史博物馆等：《长安郭庄唐宰相韩休墓发掘简报》，待刊。

三、分析与认识

1. 特殊陵墓的时代、墓主与类型

以上选择的陵墓其时代应该归纳为四个时段：

先秦到秦代：秦公一号大墓、宝鸡益门二号墓、西安北郊战国铸铜工匠墓和秦始皇陵。

西汉：霍去病墓、卫青墓、汉武帝茂陵、金日磾墓和张骞墓。

北周：李诞墓、康业墓、安伽墓和史君墓。

唐代：李寿墓、唐太宗昭陵、唐高宗和武则天的乾陵、唐睿宗桥陵、井真成墓、李倕墓和韩休墓等。

从墓主的国别来看，明显可划分为两个大类，一类是广义的中国人：其中秦公一号大墓的墓主秦景公、秦始皇陵的主人秦始皇嬴政为秦人无疑，宝鸡益门二号墓和西安北郊战国铸铜工匠墓的墓主虽然不知其姓名，但初步认定其为广义的秦人问题不大。汉武帝刘彻、卫青、霍去病、张骞为汉人；唐太宗、唐高宗和武则天、唐睿宗、李寿、李倕、韩休为唐人。

另一类为当时的外国人，如金日磾为匈奴人，李诞可能是来自天竺的婆罗门人，康业是康居国王后裔，史君是北周时期西域史国人。安伽为西域安国粟特人，井真成则为日本人。

根据考古类型学分析，上述陵墓应该分为四类：

A型：墓主为中国人，典型的内地陵墓葬制和葬俗，出土有外来文化的遗物及利用外来材料或技术制作的遗物。如秦公一号大墓、宝鸡益门二号墓、西安北郊战国铸铜工匠墓和秦始皇陵、汉武帝茂陵、卫青墓以及唐代的李寿、李倕墓、韩休墓，等等。

秦公一号大墓、宝鸡益门二号墓葬制均为先秦到西汉典型的竖穴土圹木椁墓（图48）。西安北郊战国铸铜工匠墓则为一座带壁龛的竖穴墓道土洞墓，而这类墓葬是战国晚期到西汉关中地区平民墓葬的典型墓葬形式（图49）。秦始皇陵、汉武帝茂陵、卫青墓等均为带封土的竖穴土圹木椁墓；秦始皇陵和汉武帝茂陵封土为"覆斗形"，墓室为"亚字形"；卫青墓封土为"山形"，墓室为"甲字形"；这些陵墓内没有中外文化的差异，区别在于皇帝与列侯的等级及个人的生平履历。李寿、韩休墓和李倕墓形制为唐代中原地区典型的长斜坡墓道、多天井、多过洞的单室砖室墓（图50）。而这类陵墓入选"特殊"的原因是它们或多或少地出土了具有外来文化因素的遗物。例如：秦公一号大墓、宝鸡益

图48　秦公一号大墓东侧墓道

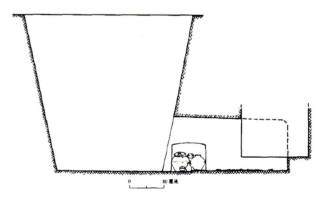

图49　铸铜工匠墓剖面图

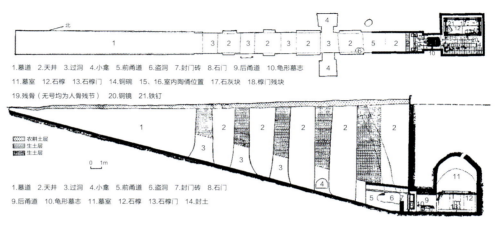

图50　唐李寿墓平面、剖面图

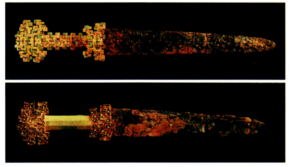

图51　宝鸡市益门二号墓出土金柄铁剑

图52　铸铜工匠墓出土马纹饰牌模

门二号墓的欧亚草原金器、铁器、铅锡合金等（图51）；西安北郊战国铸铜工匠墓发现的北方草原文化的牌饰模具（图52）；秦始皇陵的青铜水禽制作工艺；汉武帝茂陵的错金银青铜犀牛尊；唐代李倕墓的"轻金冠"及李寿墓、韩休墓的龟兹坐部伎、立部伎，等等。

B型：墓主为中国人，墓葬制度的主体是典型的中国内地形制，个别形制要素上出现了外来文化的因素。如西汉的霍去病墓、张骞墓、唐代的昭陵、乾陵、桥陵等。

霍去病墓由南北长方形墓园、山形封土、甲字形墓室、墓上石刻等部分组成（图53）。其墓园和墓室均为西汉列侯的标准制式，其山形封土应该是在列侯墓制圆丘形封土的基础上，为旌表功勋而刻意改建的"祁连山"。但其墓上石刻的出现令人费解，它客观上增添了西汉陵墓建筑形制要素的一个新类型，虽然它的出现，在当时是前无古人，后无来者。"马踏匈奴""怪兽吃羊""人与熊""石人"等雕造内容以及雕刻艺术揭示其来自西北的草原文化（图54、图55）。张骞墓营建的时间略晚于霍去病墓，其形制为西汉中晚期流行的圆丘形封土斜坡墓道洞室墓，其墓地出土石兽虽已残损，然大体完整，制作古朴，线条雄劲，形态生动，风格与茂陵霍去病墓前石刻相似。

唐太宗昭陵、唐高宗和武则天的乾陵、唐睿宗桥陵均"因山为陵"，由墓道、玄宫、

图53 霍去病墓

图54 霍去病墓怪兽吃羊石刻

图55 霍去病墓人与熊石刻

图56 唐昭陵蕃酋石像座

陵园、神道、门阙、石刻、蕃酋殿、列戟廊、下宫等礼制建筑以及陪葬墓等组成。其中陵山、墓道、玄宫、陵园、神道、门阙、列戟廊、下宫等礼制建筑以及陪葬墓等全部是唐太宗李世民立足大唐、"斟酌汉魏"而制定的唐代帝陵形制的重要组成部分,而石刻、蕃酋殿则明显地具有异域之风。例如:昭陵最新发现的蕃君长像共有13个底座以及至少9个雕像躯体。石像基本和真人等身大小,形象仿效真人,下有方形底座,正面镌刻其爵位和姓名(图56)。这些石像的头部大部分残损,从其形象看有背后梳辫的突厥人形象,乾陵南门与门阙之间东西两侧有60尊蕃臣像,均呈站立状,面向神道。原背后刻有国名、民族、官职、爵位和姓名,现在可以辨认的只有7件,如朱俱半国王斯陁勒、于阗王尉迟敬等。桥陵蕃酋像原至少应有数尊,现蕃酋殿址上仅立有1件,头及脚均残,仅存躯体部分,残高1.65m。圆雕而成,身着交领窄袖长袍,滚边衣领,双臂于胸前执物。除蕃酋像外,唐陵石刻中还有来自域外狮子、鸵鸟及翼马、翼兽(格里芬)等(图57~图60)。

图57　唐乾陵石狮

图58　唐建陵鸵鸟石刻

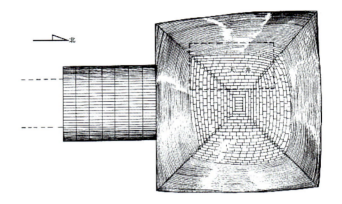

图59　唐乾陵翼马石刻

图60　唐桥陵翼兽石刻

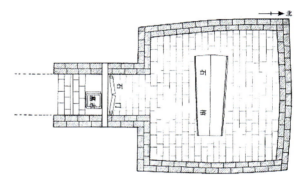
图61　北周李诞墓平面图

　　C型：异族人，典型的内地陵墓葬制，出土有外来文化的遗物及利用外来材料或技术制作的遗物。金日磾墓、李诞墓、史君墓、井真成墓等应属此类。

　　作为唯一陪葬汉武帝茂陵的匈奴人金日磾，其墓制为竖穴土圹木椁墓，封土为"圆丘形"，墓室为"甲字形"。根据墓志得知，李诞可能是来自天竺的婆罗门人，其墓为斜坡墓道单室砖墓（图61），墓室内出土一具石棺，帮板、挡板和盖板上有线刻图案，局部贴金。两侧帮板线刻为左龙右虎，前后挡板线刻朱雀与玄武，盖板则线刻伏羲女娲，主题图案均为中国传统题材。史君，北周时期西域史国人，其墓葬由长斜坡墓道、5天井和甬道、墓室组成。葬具为一具基本完好的歇山顶殿堂式石椁，面阔五间，进深三间。井真成墓作为目前发现的唯一一座日本遣唐使或随从人员的墓葬，其墓葬形制是唐代中下层普遍使用的小型斜坡墓道洞室墓。

　　西汉的金日磾墓没有发掘，墓室内形制及随葬器物等均不清楚；唐代的井真成墓碑被彻底破坏，除墓志劫后余生外，其他均渺无踪迹；但应该会有相当数量的反映其匈奴文化、日本文化特色的遗物和遗迹存在。李诞墓葬具石棺的主题图案虽然是线刻的青龙、白虎、朱雀、玄武及伏羲、女娲等中国传统题材，但周围的守护神、龛楣式门额、覆莲座、火坛、

图62 安伽墓围屏石榻正面屏风

摩尼宝珠、火焰纹等则有浓郁的异域宗教文化因素。史君墓的葬具虽为汉式的歇山顶殿堂式石椁,然而其石椁外周浮雕彩绘四臂守护神、祆神及狩猎、宴饮、出行、商队、祭祀和升天等画面。雕刻内容和风格带有明显的西域色彩和祆教特征,特别是祆神图像和升天图像均可与祆教教义相联系。更为重要的是,石椁南壁椁横枋上发现有汉文和粟特文题刻。

D型:墓主为异域人,典型的内地陵墓葬制,或发现有明显的异域葬具或葬俗。如北周的安伽墓、康业墓等。

安伽为西域安国粟特人,其墓葬形制为斜坡墓道5天井砖砌甬道穹隆顶单室墓。康业是康居国王后裔,其墓葬为斜坡墓道穹隆顶单室墓,葬具为中原传统的线刻手法雕造的围屏石榻,围屏图案以身着中原服装的男、女主人会见宾客及出行为主,似在表现主人在长安的生活场景(图62)。墓主人卧于围屏石榻之上,骨架完好,手握布泉。

安伽墓的主要葬具为异域风格的围屏石榻一副。围屏石榻三面屏风主要刻绘墓主人安伽作为萨保的奢华出行等场景;其石门门楣、左、右竖框为线刻缠枝石榴纹;半圆形门额刻绘罕见的祆教祭祀场面,画面中央为一三驼座火坛,火坛左右各有一供案,上置各种供品,祭司用神杖指向供品,熊熊烈火左右各有一飞天状乐神,分别弹奏曲颈琵琶及箜篌,左右角各跪供养人。康业墓的葬具亦为异域风格的围屏石榻,此外,墓主"口含罗马金币"(图63)。

图63 北周康业墓出土罗马金币

2. "前丝绸之路"的证据

根据专家研究[1],最早西方文化的传入可以追溯到旧石器时代晚期,西方的石器制作

---

[1] 王辉:《早期丝绸之路开拓和发展的考古学证据》,《民主与科学》2018年第1期。

图64　通天洞遗址出土典型勒瓦娄哇-莫斯特文化石制品　　图65　水洞沟遗址第2地点出土石核

技术通过中国新疆进入内地。在新疆的通天洞遗址，距今年代约为45 000年，在这个地方出现了西方的勒瓦娄哇技术（图64）。在宁夏水洞沟遗址也出土了大量具有欧洲莫斯特、奥瑞纳文化特征的石器，与西方出土的石器技术风格极为相似（图65）。

早期中外文化交流的第一阶段是在公元前3 000年至公元前1 800年左右，以阿凡纳谢沃文化为代表的南西伯利亚铜石并用时代文化的因素进入新疆，对早期中国西部，尤其新疆地区的考古学文化有着深刻的影响。在新疆发现了阿凡纳谢沃文化的遗存，在阿依托汉一号墓地中，地面有封堆，墓室采用石头建造，它的陶器以橄榄形罐为典型。受阿凡纳谢沃文化影响的同时融入了部分奥库涅夫文化的因素，稍晚时期在新疆出现了另一支具有当地特色的文化——切木尔切克文化，它的分布区域主要沿着阿尔泰山的南侧。其文化特征表现为地表有覆斗形土筑或者圆丘状石封堆，有的封堆下有方形石围；封堆东侧竖立石人；石板围砌封盖的方形墓室，内外壁常见彩绘或刻画的人面、动物等图案；流行随葬橄榄形石罐和陶罐、石镞、石臼；石人面目特征近似，多留"I"字须和八字须。受欧亚草原文化上阿凡纳谢沃等文化的影响，在塔里木盆地出现了古墓沟一类的遗存，体质人类学的研究表明古墓沟墓地人群的体质特征属古欧罗巴人种。

这个时期欧亚草原文化的影响仅限于新疆境内。

第二阶段是公元前18 000年左右开始至公元前1 000年左右。安德罗诺沃文化和卡拉苏克文化为代表的欧亚草原的青铜文化因素进入中国西北并扩散到中国北方地区，部分塞伊玛—图尔宾诺文化因素也一同传入。无论从传播范围还是文化因素及技术的多样性上都较第一阶段大为扩展。

新疆的安德罗诺沃文化主要分布在新疆西部靠北区域，罐类器物的形态发生了变化，大口平底罐成为主流。公元前1 400年前后，卡拉苏克文化也进入了新疆地区。安德罗诺沃文化的影响通过天山北麓到达东天山并进入了今天的河西走廊地区，进而可能随着齐家文化向东扩张影响了中国北方地区。同时，来自河西走廊的马厂和四坝文化的触角也深入到天山东部，与来自欧亚草原的青铜文化有了接触和碰撞，继而向塔里木盆地扩散。可以肯定的是来自西亚、北非的青铜冶炼技术、农作物中的小麦、家畜中的黄牛、山羊、绵羊等在该阶段的早段传入了中国。另外，马和马车，早期冶铁技术也通过这条途径传入了中国。

这一阶段，甘青地区诸青铜时代文化中出现的铜管銎斧、刀、带倒钩的矛、喇叭口耳环、月牙形项饰；铜质工具和武器上的兽首或立兽；丧葬习俗中的墓葬封土；威信物中的权杖等文化因素都是接受欧亚草原文化影响的产物。

第三阶段是两周时期，是再起丝绸之路文化交流密切的一个阶段，真正意义上的早期丝绸之路在这一时期确立。塔加尔文化、巴扎雷克、斯基泰等文化因素广泛影响了中国西北和北方地区，深入到了中华文明的腹地，并沿着"藏彝走廊"进入四川、云南。

来自欧亚草原甚至远自西亚的文化因素主要有：墓葬中使用石室、石堆的传统。殉牲的习俗。武器中的镰形剑、啄戈、三叉格青铜短剑等。马具中的双环马镫形马衔、鸟形马镳。装饰技法中类似于中国剪纸技艺的镂刻技法。装饰纹样和动物造型中的忍冬纹、几何纹、动物纹，其中包括大角羊、动物相斗的纹样、格里芬、后蹄向上翻转的动物、成列行进的动物、蜷曲的动物、对兽纹、动物背部的鸟头形装饰等。带有立兽和人物的祭盘。大量使用各类珠饰和金银作为人体和衣服装饰的传统，别针、饰动物纹的铜镜、兽柄钮铜镜等。生命树，一人执两蛇、两龙或两兽图像。

金珠、鎏金银等金属工艺，釉陶工艺，玻璃技术等源自西方的技术和技术制作工艺也在这一时期传入了中国。

另外，深目高鼻的印欧人形象，带尖顶帽的斯基泰人和塞人的形象也出现在了中国西北地区。其中带尖顶帽的人物形象从西汉开始成为描绘中国域外异域民族的程式化图像。同时，来自中国的丝绸、山字纹铜镜、三足瓮等也输出到了欧亚草原。[1]

从前述陵墓的年代排列可知：早于张骞"凿空西域"的有秦公一号大墓、宝鸡益门二号墓、西安北郊战国铸铜工匠墓和秦始皇陵，时代大致相当于张骞墓的有霍去病墓、卫青墓、汉武帝茂陵和金日䃅墓，北周时代的有李诞墓、康业墓、安伽墓和史君墓，时代较晚的是唐代的李寿墓、唐太宗昭陵、唐高宗和武则天乾陵、唐睿宗桥陵、井真成墓、李倕墓和韩休墓。其中秦公一号大墓和宝鸡益门二号墓的年代是春秋中期偏晚，西安北郊

[1] 此部分是根据甘肃省考古研究所王辉研究员、北京大学教授李水成等的研究成果缩写的。参见：《早期丝绸之路开拓和发展的考古学证据（概要）》《公元前1000年之前早期丝绸之路上的中国西北和欧亚草原及西方的文化交流》；北京大学李水成教授：《前丝绸之路的诞生：欧亚草原与中国西北的族群迁徙与交互》；中国考古学会丝绸之路专业委员会、宁夏文物考古研究所编：《丝绸之路考古（第1辑）》，科学出版社，2018年。

铸铜工匠墓的年代是战国晚期，秦始皇的下葬时间是公元前210年。也就是说，这几座陵墓的时间早的比狭义的丝绸之路开通早400多年，晚一点的也早于张骞第一次出使西域71年。而这些陵墓发现的金器、铁器、动物纹的铜牌饰、大量的各类珠饰、铜片镶嵌工艺和鋄金银技术等具有北方草原、西域、欧亚草原乃至遥远的地中海沿岸的文化因素，故早在丝绸之路开通之前，就有相当数量的外来文化传入内地，而传输外来文化的这条路线就应该是所谓的"前丝绸之路"。

3. 丝绸之路对长安地区陵墓的影响

根据上述分类，参照其他专家的相关研究成果，我们可以就"前丝绸之路"和丝绸之路上的文化传播，对作为丝绸之路起点的以汉唐长安城为代表的汉唐京畿之地的陵墓及相关制度的影响有如下认识：

A. 至少在两周时期，通过"前丝绸之路"，长安及其附近的陵墓中就出现了外来文化的遗物或外来材料和技术制作的器物，如秦公一号大墓和宝鸡益门二号墓出土的金器、铁器及大量的各类珠饰，西安北郊战国铸铜工匠墓中发现的动物纹铜牌饰陶模具、秦始皇陵中发现的铜片镶嵌工艺等。当然这些"舶来品"只是周、秦陵墓的点缀，仅此而已。

B. 外来文化对长安地区陵墓的影响是缓慢、循序渐进的，是由浅到深、由表及里的。其影响根据前述墓葬的年代大致可以分为两个时段：

第一时段：两周到西汉张骞"凿空西域"前。这一时段，长安及其附近出土和发现的具有北方草原地区、新疆乃至欧亚草原、遥远的地中海沿岸，印度、尼泊尔地区，朝鲜半岛和日本以及东南亚文化因素的陵墓数量相当可观，但反映这些文化的均为陵墓里发现的借以显示墓主身份、地位和财富的各类珍稀器物。如：金器、铁器、玻璃器及大量各类珠饰等。而对陵墓最重要的、最核心、最能反映文化特征的陵墓形制，如先秦的竖穴土圹木椁墓（"亚字形""中字形""甲字形"等）、秦汉之际的洞室墓（竖穴墓道和斜坡墓道）的陵墓形制及陵园、陪葬坑、寝殿等礼制建筑、陪葬墓、园寺吏舍等形制要素，对先秦到西汉之间"集中公墓制"到"独立陵园制"演变似乎没有影响。

第二时段：从西汉中期到唐代。在西汉中期的霍去病墓的山形封土上，放置着14件石人、石马、石虎、石象、石牛、石鱼、石蛙等大型石刻。张骞墓墓地出土两件石兽虽已残损，然其风格与茂陵霍去病墓前石刻相似。有专家根据北方草原和欧亚草原多见的草原石人认为"马踏匈奴""怪兽吃羊""人与熊""石人"等石雕作品的出现既是霍去病"六次出击匈奴"并军功卓著的体现，也是草原文化对霍去病墓墓葬形制的影响。其影响的结果客观上增添了西汉陵墓建筑形制要素的一个新类型，虽然这一类型的存在是孤立的、短暂的。

以唐太宗昭陵、唐高宗和武则天的乾陵、唐睿宗桥陵为代表的唐代帝陵多"因山为陵"，由墓道、玄宫、陵园、神道、门阙、石刻、蕃酋殿、列戟廊、下宫等礼制建筑以及陪葬墓等组成。其中蕃酋殿、石刻则明显地具有异域之风。这些蕃君长像和狮子、鸵鸟及翼马、翼兽（格里芬）等的制作与使用，一方面是为了彰显幅员辽阔、万方臣属的大唐帝国气象，另一方面也影响和补充了唐代帝陵的个别形制要素。

4. 长安地区陵墓对外来族群的影响

与丝绸之路对长安地区陵墓的影响相比，长安地区陵墓对外来族群的影响可能是快速的、深入的、较为直接的。其影响程度大致也可以分为两类：

第一类：影响较为全面、深入。

匈奴人金日磾、来自天竺的婆罗门人李诞、北周时期西域史国人史君、日本人井真成的墓葬较为全面地采用了长安地区当时流行的墓葬形式和葬具，只在椁室及葬具装饰图案、文字的内容和制作技术以及随葬器物等方面体现出自己的文化属性，如：李诞墓葬具石棺及石门上的守护神、龛楣式门额、覆莲座、火坛、摩尼宝珠、火焰纹等，史君墓葬具汉式歇山顶殿堂式石椁，外周浮雕彩绘带有明显的西域色彩和祆教特征的四臂守护神、祆神及狩猎、宴饮、出行、商队、祭祀和升天等画面，并在石椁南壁椁横枋上题刻粟特文字。

第二类：影响比较深入，局部保留其原有葬制与葬俗。

康居国王后裔康业、西域安国粟特人安伽其墓葬虽然较为深入地接受了典型的内地陵墓葬制，使用了长安地区当时流行的墓葬形式（斜坡墓道穹隆顶单室墓、斜坡墓道5天井砖砌甬道穹隆顶单室墓），但其葬具却没有采用石棺椁、木棺椁，而是采用了具有西域色彩和祆教特征的粟特流行葬具——围屏石榻，其装饰图案也大量出现与祆教有关的动物、火坛、祭司、乐器等。康业还"口含罗马金币"。

四、结语

综上所述，我们从丝绸之路起点长安及其附近陵墓的初步分析得知：

1. 至少从两周时期开始，长安及其附近的陵墓就受到了通过"前丝绸之路"传输各种外来文化的影响，这种影响主要体现在陵墓里出土的各类外来文化的遗物或外来材料和技术制作的器物之上，对于具有悠久文化传统的周、秦陵墓形制、葬制和葬俗只是一种点缀。

2. 通过"前丝绸之路"和"丝绸之路"传输而来的外来文化对长安地区陵墓的影响是缓慢的、循序渐进的，由浅到深的。两周到西汉张骞"凿空西域"前，反映这些文化的均为陵墓里发现的借以显示墓主身份、地位和财富的各类珍稀器物。而对陵墓最重要的、最核心、最能反映文化特征的陵墓形制，对先秦到西汉之间"集中公墓制"到"独立陵园制"演变似乎没有影响。西汉中期到唐代，随着文化交流的扩大与深入，长安及其附近的陵墓出现了"马踏匈奴""怪兽吃羊""人与熊""石人"以及蕃君长像和狮子、鸵鸟及翼马、翼兽（格里芬）等石刻，客观上影响了中国古代陵墓石刻制度的形成，成为蕃酋殿——这是唐代帝陵新的形制要素出现的重要动因。

3. 长安及其附近地区陵墓制度对汉唐以来大量涌入的外来族群的影响可能是快速的、深入和较为直接的。其原因应该与文化交流、影响更为深入有关，与相关建筑材料、建筑技术、制作工艺有关，与掌握相关技术、工艺的人有关，与长安地区悠久的陵墓文化有关。

4. 以长安及其附近地区陵墓为代表的中国古代陵墓制度虽然两千余年来一直受到来自东、南、西、北四方多种多样文化的影响，也出现过一些具有外来文化影响的重要因素和些许变化，但是："中学为体、西学为用"是中国古代陵墓制度发展演变的基本史实。

丝绸之路上的陵墓是一个非常庞大、非常复杂的研究课题，以个人的学术素养本来是绝对不会去染指的。碍于陈同滨所长的盛情邀请，在有意拖延一年有余，试图逃避的企图未能达成之后，才完成了此文的编纂工作。小文的切入避重就轻，陵墓的选择挂一漏万，分析与论述也是浅尝辄止，但任务总算是完成了，合格与否，敬请读者验收与批驳。

2018 年 8 月 8 日终编于西安白鹿原

丝路遗迹·墓葬篇遗址点总图

丝路遗迹·墓葬篇遗址点总图

丝路遗迹·墓葬篇遗址点总图说明

"丝绸之路"是一套沿用了约 18 个世纪的世界文明与文化交流的大动脉，交流内容以商业贸易、政治外交、宗教传播三大功能为主，交通路网则伴随着世界不同文明中心的兴衰关联及其使用功能而发生变更，呈现出错综复杂的历史性与共时性关联。故本书谨以中国朝代更替脉络为参考，依据丝绸之路的沙漠绿洲路线、草原路线、海上路线 3 条路线概念，结合使用情况，将交通路网切分为三个主要阶段：以公元前 2 世纪—公元 6 世纪（汉—南北朝时期）为第一阶段，以公元 7 世纪—13 世纪（唐宋时期）为第二阶段，以 13 世纪—16 世纪（元明时期）为第三阶段。路网的后续使用阶段包含了对前此路网路段的拓展、沿用与废弃等不同情况。受平面表达限制，本图仅以分色标示各阶段新辟路段。路网节点上的城市均采用今名，后附历史上的曾用名，分色标注。

路网绘制依据除本书研究成果之外，主要参考了《世界历史地图集》（张芝联、刘学荣编，中国地图出版社，2002 年）、《中国丝绸之路交通史》（交通部中国公路交通史编审委员会编，人民交通出版社，2000 年）、《丝绸之路考》（卞洪登，中国经济出版社，2007 年）、《泰晤士世界历史地图集》[杰弗里·巴勒克拉夫（Geoffrey Barraclough）、理查德·奥弗里（Richard Overy）编，毛昭晰等译，希望出版社、新世纪出版社，2011 年] 及陈凌提供的《秦汉时代丝绸之路路线示意图》等。

中原地区墓葬

张骞墓
Tomb of Zhang Qian

一、【事实性信息】

张骞墓（Tomb of Zhang Qian）是公元前2世纪西汉帝国的杰出外交家、探险家、丝绸之路开辟者张骞的墓葬，位于中国陕西省汉中市城固县博望镇绕家营村北。公元前114年（汉元鼎三年）张骞病逝于长安，归葬故里。

张骞墓处于汉江三级台地，地势平坦，现墓园南北长100m，东西宽65m，南侧为张骞墓纪念馆。墓园中心为覆斗形封土，现存封土底部南北长19.5m、东西宽16.6m、高4.26m，墓葬为砖室墓，斜坡墓道。出土有"博望造铭"封泥、汉代砖瓦、陶片、五铢钱等，现存附属文物包括位于封土以南保护亭内的一对西汉石虎，以及四通石碑（清代3通，民国1通），古柏15株。

二、【丝路关联和价值陈述】

张骞是"凿空西域"第一人，与丝绸之路开辟这一东西文化交流的世界性历史事件密切关联，具有重要的历史意义。张骞历经18年两次出使西域的政治外交活动，引发了《史记·大宛列传》《汉书·张骞传》及《汉书·西域传》等史料对公元前2世纪西域和中亚地区最早的、最详尽的记载。这些历史文献中关于张骞出使西域所见之大宛、大月氏、乌孙及其旁诸国的地理、人口、物产、交通、气候、风土人情、经济、文化与军事等方面的记载，是丝绸之路开通阶段沿线的古代民族、政权分布的珍贵记录，与公元前2世纪丝绸之路沿线民族交流的史实相联系。

张骞墓与丝绸之路开辟这一东西文化交流的世界性历史事件密切关联，是中国统一多民族国家形成、中西文化交流的实物见证，具有极高的历史价值。其以具有汉代特征的封土墓葬形制、"博望造铭"封泥、石兽等出土物，与张骞这一伟大历史人物所处的时代特征相印证。直至当代社会，张骞这一伟大历史人物以其坚韧不拔的开拓精神，仍受到后人的追思和纪念。

参考文献：
1. 陈显远. 西北联大发掘张骞墓始末[J], 文博, 1998, (4): 62-63, 80.
2. 卜琳, 白海峰, 田旭东, 梁文婷. 张骞墓考古记述[J]. 考古与文物, 2013, (2): 83-88.
3. 姚远. 西北大学对汉博望侯张骞墓的发掘与增修[J]. 西北大学学报（哲学社会科学版）, 2006, (6): 6-10.
4. UNESCO. Silk Roads: the Routes Network of Chang'an-Tianshan Corridor[M/OL]. http://whc.unesco.org/en/list/1442, 2014-07-25/2020-08-01.

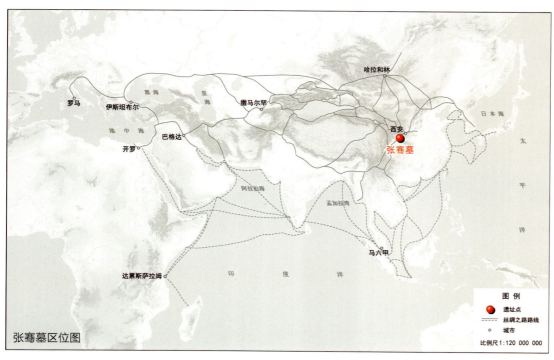

张骞墓区位图　比例尺 1:120 000 000

类型
古墓葬
地点
陕西省汉中市
遗存年代
公元前114年（西汉元鼎三年）
保护地位
世界遗产、第六批全国重点文物保护单位
地理区位
中原地区
政权—（墓主）民族
西汉—汉族
丝路关联属性
作为西汉帝国杰出外交家、探险家、丝绸之路开辟者张骞的墓葬，与丝绸之路开辟这一东西文化交流的重大世界性历史事件密切关联

图1-1 张骞墓全景

图1-2 张骞墓封土

图1-3 张骞墓东侧石虎

图1-4 张骞墓西侧石虎

图1-5 张骞墓出土"博望造铭"封泥张骞墓出土"博望造铭"封泥

图1-6 张骞墓全景鸟瞰图

茂陵
Mao Mausoleum

一、【事实性信息】

茂陵（Mao Mausoleum）是西汉第五位皇帝汉武帝刘彻（公元前141—前87年在位）的陵园，位于今陕西省咸阳市兴平市南位镇策村南。茂陵地处渭河北岸的高原台地上，地势西北高，东南低，是咸阳原上九座西汉帝陵最西端的一座。茂陵修建于公元前139年（建元二年）至公元前87年（后元二年）武帝入葬，前后营建时间长达53年，是西汉帝陵中营建时间最长的一座陵园，亦是西汉帝陵中规模最大的陵园。

茂陵陵区由茂陵陵园、茂陵邑、陪葬墓区及修陵人墓地四大部分组成，分布范围东西约9.5km，南北约7km。茂陵陵园位于陵区的中央，茂陵邑位于陵区的东北部，陪葬墓分布在茂陵陵园的四周，其中东侧墓葬较为集中，等级较高，修陵人墓地则位于陵区的西端。

茂陵陵园是由外围墙、外壕沟组成的外城垣及其以内的区域，是整个陵区的核心，包含汉武帝帝陵陵园、李夫人墓园、多座建筑遗址、众多外藏坑以及9座中兴墓葬。帝陵陵园位居茂陵陵园中心偏东南，周围分布有数量众多的外藏坑，茂陵陵园西南部、东南部及帝陵陵园北侧为大型建筑遗址，李夫人墓园位于帝陵陵园西北方。此外，茂陵陵园内还分布有众多小型建筑遗址以及"次冢"等陪葬墓。

帝陵陵园平面近方形，四周有围墙，各面居中辟门，帝陵封土位于陵园中心，四周呈放射状分布有150座外藏坑。帝陵封土现呈覆斗状，底部各边长约240m，顶部各边长在36m至41.7m之间，封土先存高度约48.5m。帝陵形制为"亞"字形，由位于封土底部的墓室及四条斜坡墓道组成。

茂陵陵园内，除帝陵陵园、李夫人墓园内的外藏坑外，还有总数达244座的外藏坑，大体可分为7个区域，各区外藏坑排列较规律，分布密集，或全部方向一致，或一定数量方向一致。此外，茂陵陵园内还有9座中型以上墓葬，以及11处建筑遗址，和神道、徼道等道路系统。

陵区内的陪葬墓区目前确认为茂陵陪葬墓的共计113

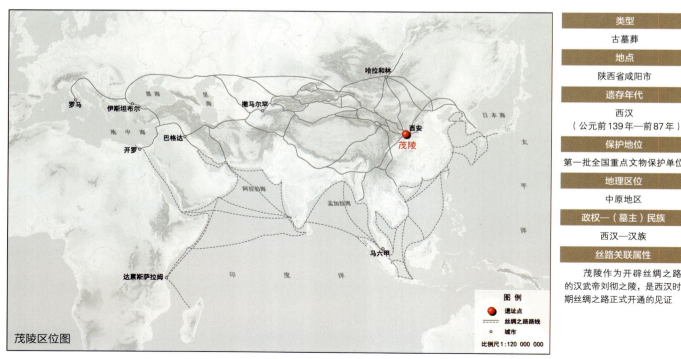

茂陵区位图 比例尺 1:120 000 000

类型
古墓葬
地点
陕西省咸阳市
遗存年代
西汉 （公元前139年—前87年）
保护地位
第一批全国重点文物保护单位
地理区位
中原地区
政权—（墓主）民族
西汉—汉族
丝路关联属性
茂陵作为开辟丝绸之路的汉武帝刘彻之陵，是西汉时期丝绸之路正式开通的见证

座（组），其中14座规模较大者仍保留有封土，包括卫青、霍去病、金日䃅、阳信、霍光等人的墓冢。

二、【丝路关联和价值陈述】

茂陵是开辟丝绸之路的汉武帝刘彻之陵，是西汉时期丝绸之路正式开通的见证。汉武帝先后两次派遣使臣出使西域，加强了汉朝对西域的统治，极大地促进了中原与西域、中亚的经济文化交流。茂陵修筑之时，恰好值丝绸之路开通之时，丝绸之路的开通丰富了茂陵的随葬品，茂陵出土的错金银铜犀尊、鎏金铜马、鎏金银铜竹节博山炉、四神纹玉雕铺首等国宝级文物，均反映出外来文化的影响，出土的"希腊文铅币"则是丝路交流的直接证据，真实地反映了西汉王朝与丝绸之路沿线民族和国家之间的关系。

参考文献：
1. 陕西省文物管理委员会. 陕西兴平县茂陵勘察[J]. 考古，1964，(2): 86–89.
2. 王志杰，朱捷元. 汉茂陵及其陪葬冢附近新发现的重要文物[J]. 文物，1976，(7):51–57.
3. 茂陵贫下中农文物保护小组，茂陵文物保管所. 茂陵和霍去病墓[J]. 文物，1976，(7): 87–89, 97, 105.
4. 咸阳地区文管会，茂陵博物馆. 陕西茂陵一号无名冢一号丛葬坑[J]. 文物，1982.(9): 1–17.
5. 刘庆柱，李毓芳. 西汉十一陵[M]. 西安：陕西人民出版社，1987.
6. 咸阳市文物考古研究所. 汉武帝茂陵钻探调查简报[J]. 考古与文物，2007，(6):23–30.
7. 陕西省考古研究院，咸阳市文物考古研究所，茂陵博物馆. 汉武帝茂陵考古调查、勘探简报[J]. 考古与文物，2011，(2): 3–13.
8. 咸阳市文物考古研究所. 西汉帝陵钻探调查报告[M]. 北京：文物出版社，2010.
9. 王志杰. 茂陵文物鉴赏图志[M]. 西汉：三秦出版社，2012.
10. 中国陵墓雕塑全集编辑委员会. 中国陵墓雕塑全集（第2卷西汉）[M]. 西安：陕西人民美术出版社，2009.
11. 中国建筑艺术全集编辑委员会. 中国建筑艺术全集（第6卷元代前陵墓建筑）[M]. 北京：中国建筑工业出版社，1999.
12. 王仁波. 秦汉文化[M]. 上海：学林出版社，2001.
13. 遗产地管理机构提供资料，2009.

图2-1 远眺茂陵封土

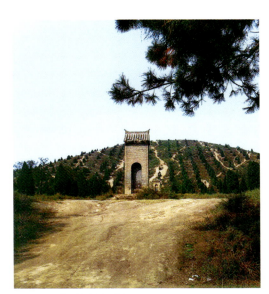

图2-2 茂陵封土近景

图2-3 茂陵李夫人墓封土

图2-4 茂陵部分陪葬墓远眺

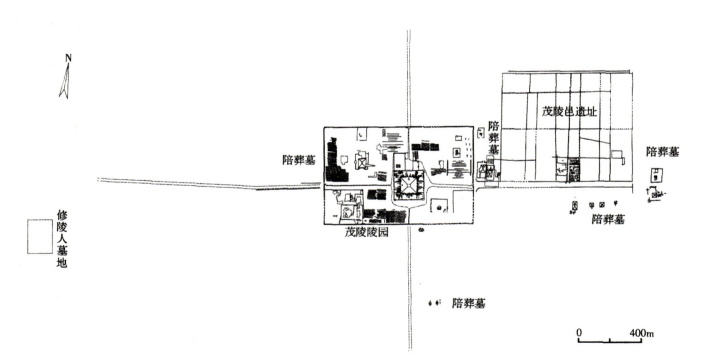
图2-5 茂陵陵区平面布局图

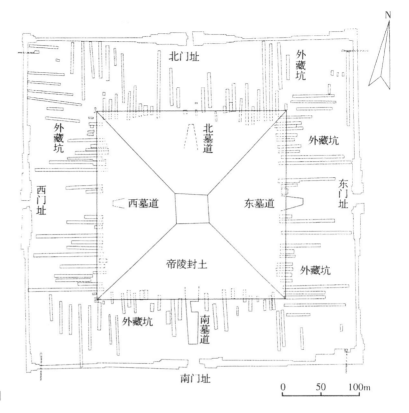

图2-6 茂陵帝陵陵园平面布局图

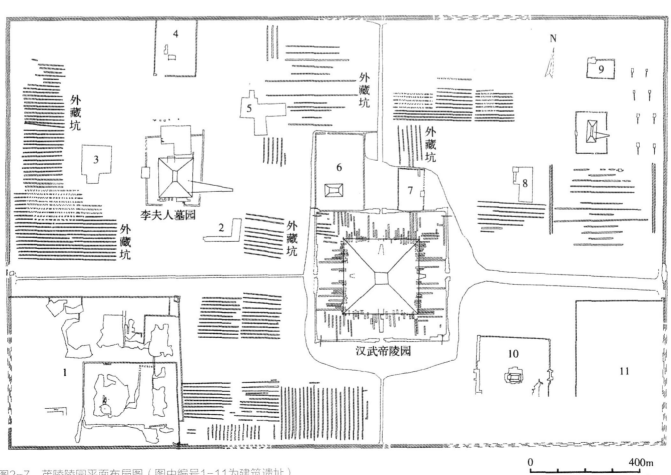

图2-7 茂陵陵园平面布局图（图中编号1-11为建筑遗址）

图2-8　茂陵出土错金银铜犀尊

图2-9　茂陵1号陪葬墓1号丛葬坑出土鎏金铜马

图2-11　茂陵出土四神纹青玉辅首

图2-12　茂陵出土希腊文铅饼

图2-10　茂陵1号陪葬墓1号丛葬坑出土鎏金银铜竹节博山炉

图2-13　茂陵出土琉璃璧

图2-15　茂陵出土铜镞

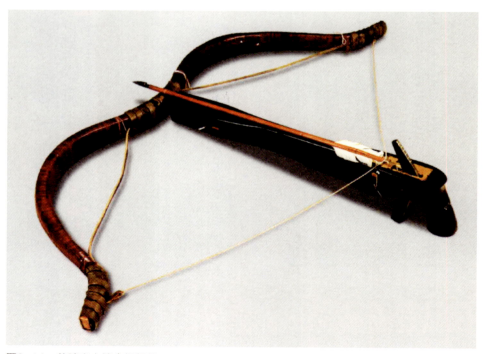

图2-14　茂陵出土鎏金铜弩机

霍去病墓
Tomb of Huo Qubing

一、【事实性信息】

霍去病墓（Tomb of Huoqu Bing）是汉骠骑将军大司马霍去病（公元前140—公元前117年）的墓，为汉武帝茂陵之陪葬墓，位于陕西省咸阳市兴平市南位镇道常村西北，茂陵陵园和茂陵邑之间，其西为卫青墓，东为金日䃅墓。

霍去病墓封土为山形，史称"为冢像祁连山"。现存封土底部为南北向长方形，边长分别为东94.1m，南59.2m，西93.4m，北57.6m，封土顶部南北长15.1m，东西宽8.8~9.9m，封土现高19.3m。墓室情况不明，仅在封土北侧发现斜坡墓道一条，平面呈梯形，封土外部分长55.3m、北宽3.2m，南宽15.5m，墓道南端深16.5m。封土四周筑有围墙，由于大部分压在茂陵博物馆下，仅对博物馆北侧进行了钻探。围墙平面为南北向长方形，东西宽105m，南北探明长度56.8~63.7m。封土西面23m处有南北向陪葬坑一座。

霍去病墓封土上置有大量巨石，此外，在封土顶部、四坡和附近发现14件人物、动物形象的石刻和3件文字刻石，目前这些石刻整齐有序地陈列在封土南面两侧，便于保护与观瞻。其中既有虎、马、牛、羊、象、猪、鱼、蟾蜍等自然界动物，也有诸如怪兽食羊、人熊相搏等具有神秘色彩的题材，长度一般超过1.5m，其大者超过2.5m。最为精彩且负盛名的马踏匈奴，高1.68m，长1.9m，被认为象征着霍去病率领汉兵征服匈奴的功绩。霍去病墓封土这处与其功业相联系的人造山丘，利用石刻、巨石被营造为神山一般的景观，不仅成为这位年轻将军的纪念碑，又是其死后灵魂的理想归宿。

二、【丝路关联和价值陈述】

霍去病18岁即随其舅卫青征匈奴，先后六次伐匈奴，为西汉稳定河西走廊局势、保障丝绸之路的畅通做出巨大贡献，不幸因病英年早逝，年仅24岁。死后陪葬茂陵，其冢比附祁连山，是对其在河西走廊祁连山一带多次与匈奴作战，立下汗马功劳之纪念表彰。霍去病墓及以马踏匈奴为代表的墓上石刻，不仅是中国现存最早的成组石刻珍品，被视作中国陵墓雕刻的开端，更因霍去病直接与丝绸之路开通、维护的历史相关，其墓葬是这一时期政治、军事历史事件的见证。

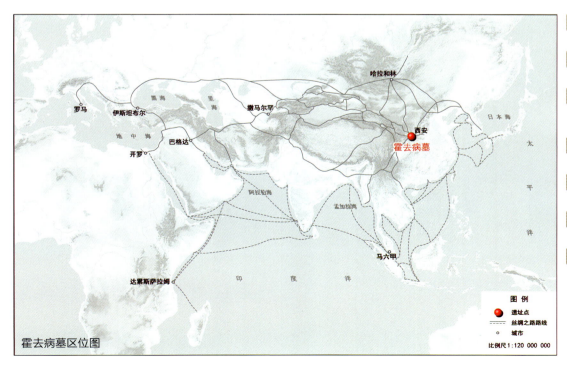

霍去病墓区位图

类型
古墓葬
地点
陕西省咸阳市
遗存年代
公元前117年（西汉元狩六年）
保护地位
第一批全国重点文物保护单位
地理区位
中原地区
政权—（墓主）民族
西汉—汉族
丝路关联属性
作为西汉六征匈奴稳定河西走廊趋势的名将霍去病之墓，是丝绸之路开通与维护时期的政治、军事历史事件的见证

参考文献：

1. 茂陵贫下中农文物保护小组，茂陵文物保管所. 茂陵和霍去病墓[J]. 文物，1976，(7)：87-89，97，105.
2. 傅天仇. 陕西兴平县霍去病墓前的西汉石雕艺术[J]. 文物，1964，(1)：40-44，64-65.
3. 贺西林. "霍去病墓"的再思考[J]. 美术研究，2009，(3)：32，41-44.
4. 咸阳市文物考古研究所. 汉武帝茂陵钻探调查简报[J]. 考古与文物，2007，(6)：23-30.
5. 陕西省考古研究院，咸阳市文物考古研究所，茂陵博物馆. 汉武帝茂陵考古调查、勘探简报[J]. 考古与文物，2011，(2)：3-13.
6. 郭伟其. 纪念与象征：霍去病墓石刻的类型及其功能[J]. 美术学报，2010，(4)：50-59.
7. 刘丹龙，孙平燕. 汉霍去病墓石雕艺术探微[J]. 文博，2004，(6)：88-91.
8. 咸阳市文物考古研究所. 西汉帝陵钻探调查报告[M]. 北京：文物出版社，2010.
9. 王志杰. 茂陵文物鉴赏图志[M]. 西汉：三秦出版社，2012.
10. 中国建筑艺术全集编辑委员会. 中国建筑艺术全集第6卷元代前陵墓建筑[M]. 北京：中国建筑工业出版社，1999.
11. 中国陵墓雕塑全集编辑委员会. 中国陵墓雕塑全集 第2卷西汉[M]. 西安：陕西出版集团陕西人民美术出版社，2009.
12. 王仁波. 秦汉文化[M]. 上海：学林出版社，2001.
13. 郑岩. 逝者的面具：汉唐墓葬艺术研究[M]. 北京：北京大学出版社，2013.
14. 遗产地管理机构提供资料，2009.

图3-1　南望霍去病墓（中）、卫青墓（右）、金日磾墓（左）

图3-2　霍去病墓

图3-35 大雄宝殿俯视

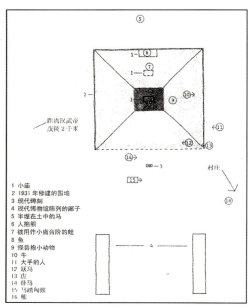

图3-4　1914年时霍去病墓封土及石刻

图3-5　霍去病墓石刻原分布示意图

图3-6　霍去病墓封土前现陈列石刻

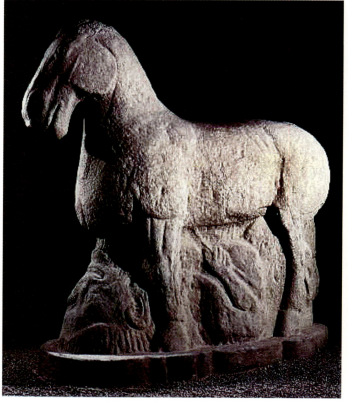

图3-7　霍去病墓马踏匈奴石刻

图3-8 霍去病墓跃马石刻

图3-9 霍去病墓卧马石刻

图3-10 霍去病墓卧牛石刻

图3-11 霍去病墓伏虎石刻

图3-12 霍去病墓卧象石刻

图3-13 霍去病墓野猪石刻

图3-14 霍去病墓石蟾

图3-15 霍去病墓石蛙

图3-16 霍去病墓石鱼之一

图3-17 霍去病墓石鱼之二

图3-18 霍去病墓怪兽食羊石刻

图3-19 霍去病墓石人

图3-20 霍去病墓人熊相搏石刻

图3-21 霍去病墓"左司空"文字刻石

图3-22 霍去病墓"平原乐陵宿伯牙霍巨益"文字刻石

卫青墓
Tomb of Wei Qing

一、【事实性信息】

卫青墓（Tomb of Wei Qing）是汉大司马大将军卫青（?—公元前106年）之墓，位于陕西省咸阳市兴平市南位镇道常村西北，汉武帝茂陵东北约900m，为茂陵最重要陪葬墓之一，东与霍去病墓相邻。墓封土呈山形，以像庐山（亦名真山，卫青曾在此大败匈奴）。封土西北角残缺，底部平面为南北向长方形，长110m，宽88.3m，高25.5m。墓葬平面为南北向"甲"字形，斜坡墓道在南侧。封土四周筑有围墙，平面呈南北向长方形，长233m，宽117.7m，墙宽2.3～4.2m。南、西、北墙正中发现有门址，东门在茂陵博物馆内，情况不明。门阙及周围堆积有较多的汉代砖块、板瓦残片等。

二、【丝路关联和价值陈述】

卫青字仲卿，汉时河东平阳（今山西临汾西南）人，为西汉名将，历任车骑将军、长平侯、关内侯、大将军、大司马等职，深受汉武帝重用。自汉元光六年（公元前129年），相继出征匈奴7次，7战7捷，屡建奇功，迫使匈奴单于远徙漠北（蒙古高原大沙漠以北）。卫青率队出征匈奴的战果，解除了匈奴对汉长安城的威胁，保障了丝绸之路的畅通与安全。卫青墓见证了开通、护卫丝绸之路这一系列历史事件。

参考文献：
1. 陕西省考古研究院，咸阳市文物考古研究所，茂陵博物馆. 汉武帝茂陵考古调查、勘探简报[J]. 考古与文物，2011，(2)：3-12，2.
2. 兴平县地方志编纂委员会. 兴平县志[M]. 西安：陕西人民出版社，1994.
3. 咸阳市文物考古研究所. 西汉帝陵钻探调查报告[M]. 北京：文物出版社，2010.
4. 惠焕章等. 陕西名人墓[M]. 西安：陕西旅游出版社，2000.
5. 黄濂. 中国历代将帅墓[M]. 大连：大连出版社，2007.
6. 咸阳市文物事业管理局. 咸阳市文物志[M]. 西安：三秦出版社，2008.
7. 王志杰. 茂陵文物鉴赏图志[M]. 三秦出版社，2012.
8. 王志杰. 汉茂陵志[M]. 西安：三秦出版社，2014.

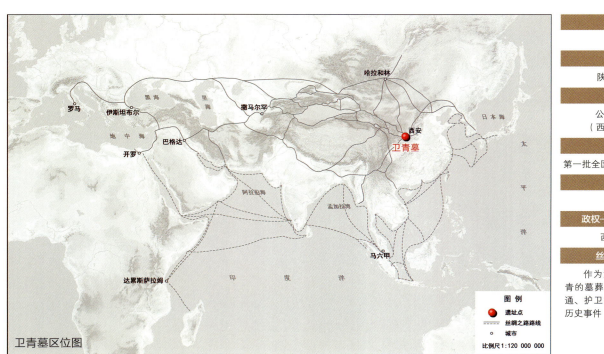

卫青墓区位图

类型
古墓葬
地点
陕西省咸阳市
遗存年代
公元前106年（西汉元封五年）
保护地位
第一批全国重点文物保护单位
地理区位
中原地区
政权—（墓主）民族
西汉—汉族
丝路关联属性
作为汉大司马大将军卫青的墓葬，卫青墓见证了开通、护卫丝绸之路这一系列历史事件

图4-1 卫青墓（左）及霍去病墓（右）鸟瞰

图4-3 卫青墓封土南侧

图4-2 卫青墓全景

图4-4　卫青墓封土西侧

图4-5　卫青墓封土北侧

金日磾墓
Tomb of Jin Midi

一、【事实性信息】

金日磾墓（Tomb of JinMidi）为茂陵重要陪葬墓，也是唯一入葬茂陵的外族人陪葬墓，位于陕西省咸阳市兴平市南位镇道常村西北，霍去病墓东侧76m。其封土原为圆丘形，后经多次破坏及修复现为覆斗形，底部南北长43m、东西宽34.3m、高11.3m，近19 000m³。墓葬平面呈"甲"字形，坐北朝南。墓道呈曲折形，南北长87m，宽10～22m，封土外暴露长度28.7m，墓室形制不明。

金日磾（公元前134—前86年），字翁叔，汉武帝赐金氏，匈奴休屠王太子。公元前121年（西汉元狩二年）霍去病奇袭休屠王，金日磾作为休屠王的家人被抓至西安宫廷内做了养马的奴仆，后因其笃厚有才、恪尽职守，先后担任了马监、侍中、驸马都尉、光禄大夫、侍卫长官、托孤大臣等职。金日磾死时，皇帝"赐葬具冢地，送以轻车介士，军阵至茂陵"，陪葬于武帝茂陵之旁。

二、【丝路关联和价值陈述】

金日磾最初作为汉朝俘虏进宫，后长期得到汉武帝的亲近与信任，一方面因为他为人极为谦逊谨慎，另一方面也显示了汉朝帝王博大的胸怀，同时也成为丝绸之路上汉族与匈奴等少数民族和平共处的一段佳话。金日磾墓见证了丝绸之路开通后汉匈友好交往的历史。

参考文献：
1. 陕西省考古研究院，咸阳市文物考古研究所，茂陵博物馆. 汉武帝茂陵考古调查、勘探简报[J]. 考古与文物，2011，（2）：3-13, 2.
2. 焦南峰. 秦、汉帝王陵封土研究的新认识[J]. 文物，2012，（12）：52-58, 1.
3. 王震亚. 西汉少数民族政治家金日磾及其家世[J]. 西北师大学报（社会科学版），1986，（3）：118-120.
4. 陈全仁. 西汉匈奴族杰出人物金日磾[J]. 文史知识，1989，（2）：82-86.
5. 高景新. 金日磾[J]. 内蒙古民族师院学报〔社会科学汉文版〕，1985，（01）：67-69.
6. 咸阳市文物考古研究所. 西汉帝陵钻探调查报告[M]. 北京：文物出版社，2010.
7. 兴平县地方志编纂委员会. 兴平县志[M]. 西安：陕西人民出版社，1994.
8. 惠焕章等. 陕西名人墓[M]. 西安：陕西旅游出版社，2000.
9. 咸阳市文物事业管理局. 咸阳市文物志[M]. 西安：三秦出版社，2008.
10. 王志杰. 茂陵文物鉴赏图志[M]. 西安：三秦出版社，2012.
11. 王志杰. 汉茂陵志[M]. 西安：三秦出版社，2014.

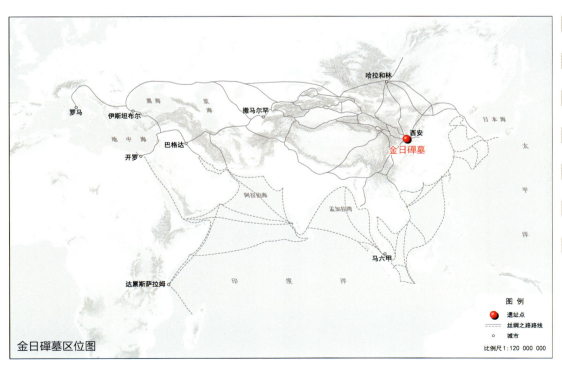

金日磾墓区位图

类型
古墓葬
地点
陕西省咸阳市
遗存年代
西汉武帝年间
保护地位
第一批全国重点文物保护单位
地理区位
中原地区
政权—（墓主）民族
西汉—匈奴
丝路关联属性
作为茂陵唯一外族陪葬墓，金日磾墓见证了丝绸之路开通后汉匈友好交往的历史

图5-1 北望金日磾墓

苏武墓
Tomb of Su Wu

一、【事实性信息】

苏武墓（Tomb of Su Wu）是西汉杰出外交家苏武（公元前140年—前60年）的墓葬，位于陕西省咸阳市武功县武功镇西北龙门村，坐西朝东，西依凤岗，溪水自墓前蜿蜒流过，依山傍水，是为"武功八景"之一。20世纪40年代末，苏武墓尚有围墙、院落等，现墓冢近圆锥形，南北长30m，东西宽20m，高约4m。墓前有清代乾隆四十一年陕西巡抚毕沅题"汉典属国苏武之墓"碑、同治年间武功知县陈尔茀立"重修苏武墓门碑"及民国时期碑刻4通。今以苏武墓为中心，建成苏武纪念馆。

苏武为西汉杜陵（今西安市东南）人，父苏建曾任将军、太守等职。苏武初任厩监，汉武帝遣苏武以中郎将之职护送匈奴使节北返，遇匈奴内乱而遭软禁，匈奴单于屡次劝降苏武未果，乃迁至北海（今俄罗斯贝加尔湖）使牧羝羊，苏武终日拥持汉节、坚持19年不屈。后匈奴与汉朝修好，苏武得回长安，须发尽白。任典属国，至年迈，任祭酒。

二、【丝路关联和价值陈述】

苏武作为西汉使节的代表，以天下和平为己任，在维护国家尊严的前提下追求民族间的和平共处，反对汉匈之间战争和仇杀，希望汉匈人民之间友好相处，他的行为，在人人争立战功，以奇功自居的崇尚武功的汉朝，无疑有着更为高尚的境界。苏武作为西汉时期一位忠于职守、不辱使命的贤臣在两千年历史文化长河中产生了深远的影响，"苏武节"业已成为中华民族忠于国家、坚守民族气节的文化精神符号。

参考文献：
1. 樊延平. 咸阳文物古迹大观[M]. 西安：三秦出版社，2007.
2. 雪梨. 中国丝绸之路词典[M]. 乌鲁木齐：新疆人民出版社，1994.
3. 咸阳市文物事业管理局. 咸阳市文物志[M]. 西安：三秦出版社，2008.
4. 王渭清. 从历史苏武到文化苏武—苏武精神辨析[J]. 传承，2013，(12)：102-103.
5. 方俊吉. 苏武精神所体现道德精神及其时代价值[M]//苏振武. 汉之魂—苏武精神及其现代价值. 北京：人民出版社，2009.
6. 陕西省文物局. 秦宫汉阙 帝陵之乡 咸阳博物馆漫步[M]. 西安：陕西旅游出版社，2013.

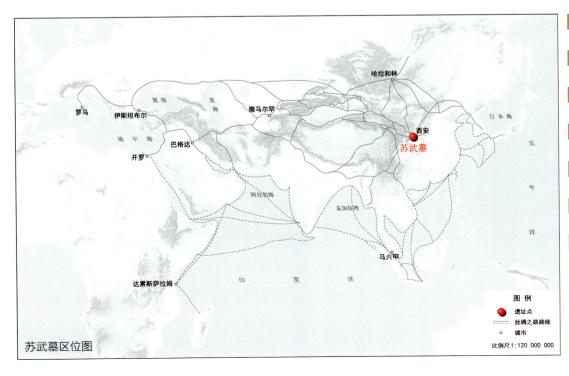

苏武墓区位图

类型
古墓葬
地点
陕西省咸阳市
遗存年代
西汉
保护地位
陕西省重点文物保护单位
地理区位
中原地区
政权—（墓主）民族
西汉—汉族
丝路关联属性
作为西汉杰出外交家苏武的墓葬，与丝绸之路和平使者的象征苏武有关联

图6-1　苏武墓

图6-2　苏武纪念馆

图6-3　纪念馆内苏武牧羊铜像

班超墓
Tomb of Ban Chao

一、【事实性信息】

班超墓（Tomb of Ban Chao）俗称班冢，是东汉著名军事家、外交家班超（公元32年-102年）之墓，位于河南省洛阳市孟津县今朝阳镇张阳村西北，坐落于邙山东汉诸陵之西，朝向略偏东南，属于第五批全国重点文物保护单位邙山陵墓群，编号M1-23墓，该地周边另有大型王侯墓葬数座。其封土现呈正方形平顶高台，近覆斗形，残高6~10m，边长约25m。

班超字仲升，扶风安陵（今陕西咸阳东北）人，《汉书》编纂者班固之弟，东汉名将、外交活动家，封定远侯。公元73年（永平十六年），班超从窦固击北匈奴贵族，旋奉命率吏士36人赴西域。从公元87年（章和元年）至公元94年（永元六年），陆续平定莎车、龟兹、焉耆等地贵族的变乱，并击退月氏的入侵，保护了西域各族的安全以及"丝绸之路"的畅通。永元三年，任西域都护，后封定远侯。公元102年（永元十四年）抱病返回洛阳，授射声校尉，不久病逝。

二、【丝路关联和价值陈述】

班超投身于东汉边疆稳固事业，在西域长达31年的时间里，重新贯通了南、北通道，对外和平友好，推进中西经济文化交流，扩大国际交往，派甘英使大秦，首开了中国与欧洲的交往，为丝绸之路的畅通做出了巨大贡献。班超墓与东汉重启丝绸之路、稳固东汉西域边疆这一史实相关。

参考文献：
1. 黄濂. 中国历代将帅墓[M]. 大连：大连出版社, 2007.09.
2. 李永贵. 孟津文化大观 陵墓[M]. 郑州：河南人民出版社, 2014.
3. 莫任南. 班超对中西交通的贡献[J]. 湖南师院学报（哲学社会科学版）, 1980, (2): 50-54.
4. 朱永梅, 陈金龙. 班超经略西域的决策艺术及其时代价值[J]. 领导科学, 2016, (33): 36-37.
5. 崔永强. 班超与东汉中期的西北边疆经略[J]. 河北北方学院学报（社会科学版）, 2014, (5): 67-70.
6. 秦卫星. 班超与西域[J]. 复印报刊资料（中国古代史）, 1983, (3): 39-50.
7. 张静. 班超、班勇与东汉"三通"西域[J]. 新疆地方志, 2019, (3): 49-55.

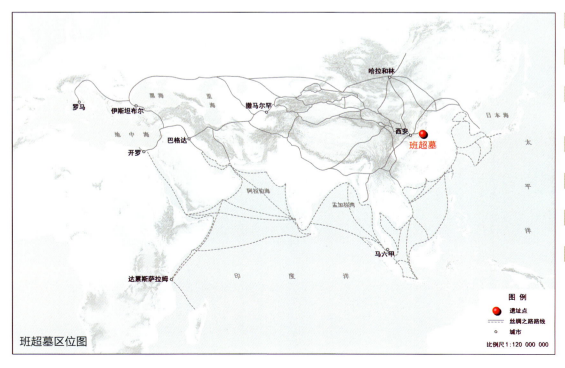

班超墓区位图

类型
古墓葬
地点
河南省洛阳市
遗存年代
公元102年（东汉永元十四年）
保护地位
第五批全国重点文物保护单位
地理区位
中原地区
政权—（墓主）民族
东汉—汉族
丝路关联属性
作为东汉名将、外交家班超之墓，与东汉重启丝绸之路、稳固东汉西域边疆等史实相关

图7-1　远眺班超墓封土

图7-2　班超墓封土

康业墓
Tomb of Kang Ye

一、【事实性信息】

康业墓（Tomb of Kang Ye）是粟特康国人康业的墓，位于陕西省西安市北郊未央路与北二环交汇处东南，炕底寨村西北，西距北周长安城约3500m，南距北周安伽墓约150m。墓主康业的祖先为康居王族，公元566年（北周天和元年）被周武帝授命任"大天主"，公元571年（北周天和六年）去世，享年60岁，死后诏增为"甘州刺史"。

康业墓形制为斜坡道穹隆顶土洞墓，方向179°。全墓由墓道、甬道和墓室三部分组成。墓壁绘有壁画，剥落严重，仅可辨识画面界格。墓室紧靠北壁置围屏石榻一具，墓室口置墓志一合，墓志西侧置有用以祭祀的动物骨骼，墓室中部有面积约1m^{2}的烧土面。围屏石榻上有骨架一具，头西脚东，仰身直肢，口内含罗马金币1枚，右手握铜钱1枚。墓室内除墓志、墓主人腰带铜饰及罗马金币外无其他随葬器物。

围屏石榻由围屏、榻板和榻腿组成。围屏内面以线刻图像，线条细密流畅，风格写实，加上原来所施彩绘与贴近，栩栩如生。图像共10图，左侧2幅，正面6幅，右侧2幅，内容以会见宾客、出行为主，与其他北朝粟特贵族墓石刻图像相比，题材较为单一，亦没有明显的与祆教信仰和习俗相关的内容，而是属于流行于中国公元6世纪的一套图像系统，这个图像系统不仅可用于墓葬艺术，也可用于佛教、道教艺术。

二、【丝路关联和价值陈述】

康业所代表的西域人士入华之后，虽然在宗教、习俗和艺术方面不同程度地保留其本民族的传统，但同时他们也希望融入当地文化之中。康业墓采取土葬、长斜坡墓道土洞单室墓的葬制，以及口含、手握金币的葬俗，均为汉化的表现。更进一步的是，康业墓采用中原传统形式与题材的围屏石刻图像，将这位来自康国的贵族转化为中原的士大夫，说明其汉化程度之深。

参考文献：
1. 寇小石，胡安林，王保平等. 西安北周康业墓发掘简报[J]. 文物，2008，(6)：14-35.
2. 郑岩. 北周康业墓石榻画像札记[J]. 文物，2008，(11)：67-76.
3. 郑岩. 逝者的面具——再论北周康业墓石棺庆画像[M]//巫鸿，郑岩. 古代墓葬美术研究（第1辑）. 北京：文物出版社，2011：219-244.
4. 王维坤. 论西安北周粟特人康业和罽宾人墓的葬制和葬俗[J]. 考古，2008，(10)：71-81，2.
5. 王维坤. 丝绸之路沿线发现的死者口中含币习俗研究[J]. 考古学报，2003，(2)：219-240.
6. 荣新江. 四海为家——粟特首领墓葬所见粟特人的多元文化[J]. 上海文博论丛，2004，(4)：85-91.

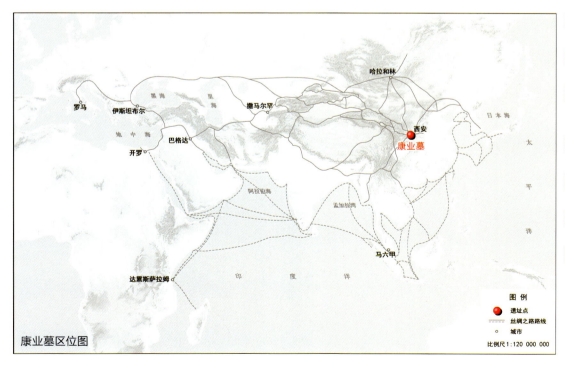

康业墓区位图

类型
古墓葬
地点
陕西省西安市
遗存年代
公元571年 （北周天和六年）
保护地位
无
地理区位
中原地区
政权—（墓主）民族
北周—粟特
丝路关联属性
作为北周时期粟特康国人康业在长安的墓葬，反映了北朝入华粟特贵族与中原的文化交流、融合和影响

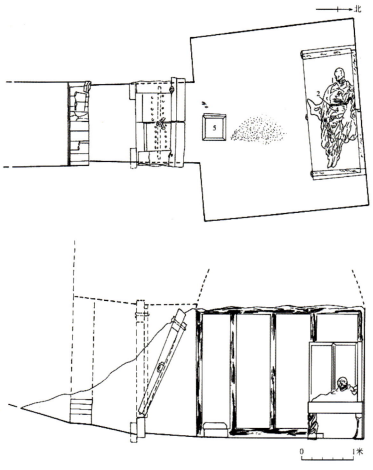

图8-1　康业墓平剖面图
（1.金币　2.铜带扣　3.铜扣针环　4.铜带铐　5.墓志　6.铜钱）

图8-2　康业墓发掘情况

图8-3　康业墓金币

中原地区墓葬　065

图8-4　康业墓围屏石榻

图8-5　康业墓围屏线刻左侧第1幅局部

图8-6　康业墓围屏线刻左侧第2幅局部

图8-7　康业墓围屏线刻左侧第1~2幅拓片

图8-8　康业墓围屏线刻左侧第1~2幅摹本

图8-9　康业墓围屏线刻正面第1幅局部

图8-10　康业墓围屏线刻正面第2幅局部

图8-11 康业墓围屏线刻正面第3幅局部

图8-12 康业墓围屏线刻正面第1～3幅拓片

图8-13 康业墓围屏线刻正面第1～3幅摹本

图8-14 康业墓围屏线刻正面第4幅局部

图8-15 康业墓围屏线刻正面第5幅局部之一

图8-16 康业墓围屏线刻正面第5幅局部之二

图8-17 康业墓围屏线刻正面第6幅局部

图8-18　康业墓围屏线刻正面第4~6幅拓片

图8-19　康业墓围屏线刻正面第4~6幅摹本

图8-20　康业墓围屏线刻右侧第1幅局部

图8-21　康业墓围屏线刻右侧第2幅局部

图8-22　康业墓围屏线刻右侧第1~2幅拓片

图8-23　康业墓围屏线刻右侧第1~2幅摹本

图8-24　康业墓石榻榻板正面线刻兽首

图8-25　康业墓石榻榻板正面线刻朱雀

图8-26　康业墓石榻榻板侧面线刻白虎

图8-27　康业墓石榻榻板侧面线刻山羊

图8-28　康业墓志拓本

安伽墓
Tomb of An Jia

一、【事实性信息】

安伽墓（Tomb of An Jia）是粟特地区安国人安伽的墓葬，位于陕西省西安市北郊大明宫乡炕底寨村，西距汉长安城遗址约 3 500m，南距唐大明宫遗址约 300m，是一座北周时期大型墓葬。墓主人名伽，姑臧昌松（今甘肃武威）人，来自粟特地区的安国，在北周任"同州萨保"，负责管理波斯商人和主持祆教祭祀，公元 579 年（北周大象元年）去世，享年 62 岁。

安伽墓形制为长斜坡墓道多天井砖砌单室墓，方向 180°。总长度 35m，由斜坡墓道、5 个天井、5 个过洞、甬道和墓室组成。第四过洞入口上方绘有壁画，主题图案为三朵花。第三天井和第四天井东西两壁都绘有壁画，画面正中墨线绘站立的挂剑武士，各个壁面的内容基本雷同。甬道内距石门 0.7m 处放置石墓志一合，墓志北侧和东侧放置墓主人遗骨及铜带具一副。甬道及墓室曾遭强烈火焚，未经扰动，墓室内偏北部正中放置围屏石榻一座。墓室内除墓志、铜带具外，仅有若干镏金铜薄片。

石门正面制作彩绘减地浅浮雕贴金图案，图案可以分为四组，并以纵中心线为轴基本对称，正中央的图案为三头骆驼背负火焰熊熊的火盆。围屏榻面边缘正面和左右两侧雕刻彩绘浅浮雕贴金图案，围屏正面作浅浮雕彩绘减地贴金图案，以宽 3cm 的红彩绘作边框，分隔为 12 幅屏风，其中左右两侧围屏各 3 幅，正面围屏 6 幅。每幅屏风基本分为上下两个场景，表现西域胡人的生活画面，内容有出行、狩猎、歌舞、宴饮、家居、商旅、庖厨等，共计一百多个人物，另有房舍、帐幔、树木、山石、牛车、马匹、野兽、酒具、乐器、武器，具有很强的写实性。

二、【丝路关联和价值陈述】

粟特作为一个丝路商业民族，善于接受各种不同民族的文化，并表现在其墓葬中，安伽墓的图像内容不仅反映了粟特长期受到突厥、波斯文化的影响，并且随着入华贵族带入中国本土。

同州萨保安伽作为北朝在华粟特贵族，其采用典型的中

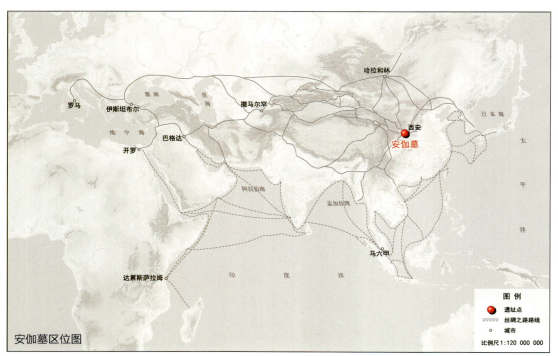

安伽墓区位图 比例尺 1:120 000 000

类型
古墓葬
地点
陕西省西安市
遗存年代
公元 579 年（北周大象元年）
保护地位
无
地理区位
中原地区
政权—（墓主）民族
北周—粟特安国人
丝路关联属性
作为北周时期粟特地区安国人安伽的墓葬，连同出土文物充分说明北朝时期粟特人通过丝路入华生活过程中的中西文化融汇，以及为中国文化带来的多元性

国式墓葬制，墓中石门额、石棺床等线刻采用了中国系统的图像形式，但融入了祆教题材及浓厚的中亚美术特征，其传承着本民族价值和精神观念的图像内容，在中国式的墓葬形制、围屏石榻上找到了合适的载体，是中西文化杂糅、改造而后融合的产物。充分说明了来华粟特人即积极接受并融入中国传统基本礼俗又竭力维持自身文化身份的过程，同时也体现了此时中国的文化包容与多元性。

参考文献：
1. 陕西省考古研究所. 西安北郊北周安伽墓发掘简报[J]. 考古与文物, 2000, (6): 28-35.
2. 陕西省考古研究所. 西安发现的北周安伽墓[J]. 文物, 2001, (1): 4-26, 110, 2, 1.
3. 山西省考古研究所. 西安北周安伽墓[M]. 北京：文物出版社, 2003.
4. 韩伟. 北周安伽墓围屏石榻之相关问题浅见[J]. 文物, 2001, (1): 90-101.
5. 齐东方. 现实与理想之间——安伽、史君墓石刻图像的思考[M]//巫鸿, 郑岩. 古代墓葬美术研究（第1辑）. 北京：文物出版社, 2011：205-218.
6. 荣新江. 四海为家——粟特首领墓葬所见粟特人的多元文化[J]. 上海文博论丛, 2004, (4): 85-91.
7. 巫鸿, 郑研. "华化"与"复古"——房形椁的启示[J]. 南京艺术学院学报（美术与设计版）, 2005, (2): 1-6.
8. 沈睿文. 夷俗并从——安伽墓和北朝烧物葬[J]. 中国历史文物, 2006, (4): 4-17, 89-91.

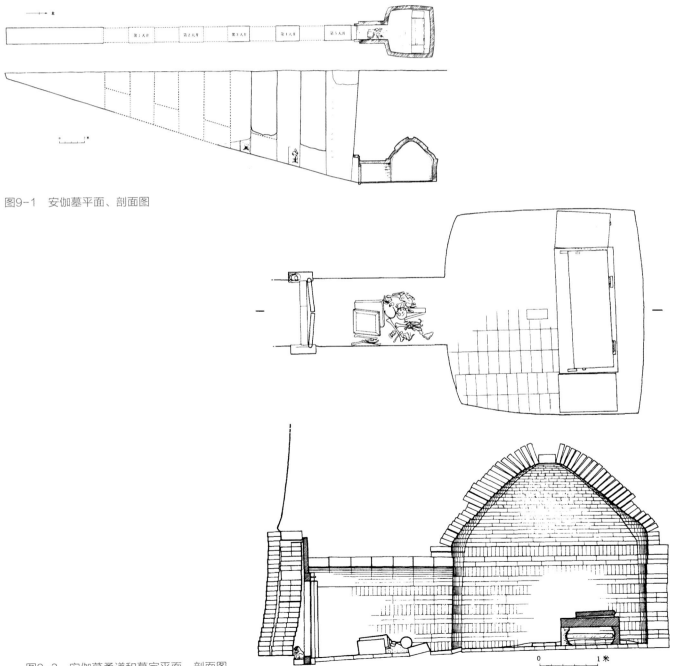

图9-1 安伽墓平面、剖面图

图9-2 安伽墓甬道和墓室平面、剖面图

图9-3　安伽墓石门及甬道口壁画

图9-4 安伽墓门额

图9-5 安伽墓门额·火坛

图9-6 安伽墓门额·左侧祭司

图9-7 安伽墓门额·右侧祭司

图9-8 安伽墓门额·两侧胡人

图9-9 安伽墓围屏石榻

图9-10　安伽墓围屏石榻左侧屏风

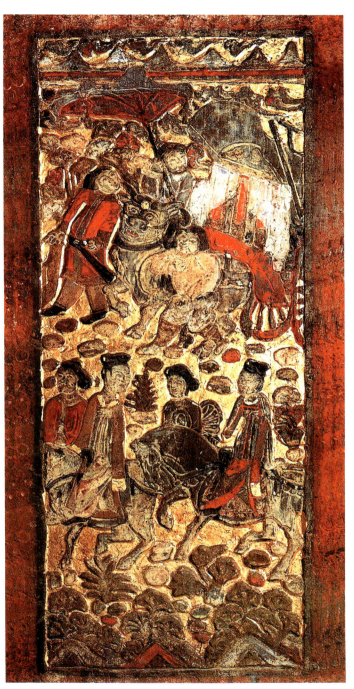

图9-11 安伽墓围屏石榻左侧屏风第1幅·车马出行图

图9-12 安伽墓围屏石榻左侧屏风第1幅·车马出行图摹本

图9-13 安伽墓围屏石榻左侧屏风第2幅·狩猎图

图9-14 安伽墓围屏石榻左侧屏风第2幅·狩猎图摹本

图9-15 安伽墓围屏石榻左侧屏风第3幅·野宴动物奔逃图

图9-16 安伽墓围屏石榻左侧屏风第3幅·野宴动物奔逃图摹本

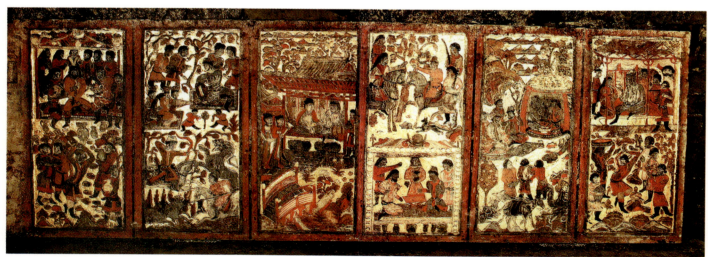

图9-17 安伽墓围屏石榻正面屏风

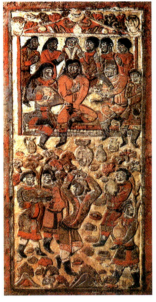
图9-18 安伽墓围屏石榻正面屏风第1幅·奏乐舞蹈图

图9-19 安伽墓围屏石榻正面屏风第1幅·奏乐舞蹈图摹本

图9-20 安伽墓围屏石榻正面屏风第2幅·乐舞宴饮狩猎图

图9-21 安伽墓围屏石榻正面屏风第2幅·乐舞宴饮狩猎图摹本

图9-22 安伽墓围屏石榻正面屏风第3幅·居家宴饮图

图9-23 安伽墓围屏石榻正面屏风第3幅·居家宴饮图摹本

图9-24 安伽墓围屏石榻正面屏风第4幅·宾主相会博弈图

图9-25 安伽墓围屏石榻正面屏风第4幅·宾主相会博弈图摹本

图9-26 安伽墓围屏石榻正面屏风第5幅·野宴商旅图

图9-27 安伽墓围屏石榻正面屏风第5幅·野宴商旅图摹本

图9-28 安伽墓围屏石榻正面屏风第6幅·奏乐宴饮舞蹈图

图9-29 安伽墓围屏石榻正面屏风第6幅·奏乐宴饮舞蹈图摹本

图9-30 安伽墓围屏石榻右侧屏风

图9-31 安伽墓围屏石榻右侧屏风第1幅·狩猎图　　图9-32 安伽墓围屏石榻右侧屏风第1幅·狩猎图摹本　　图9-33 安伽墓围屏石榻右侧屏风第2幅·奏乐宴饮舞蹈图　　图9-34 安伽墓围屏石榻右侧屏风第2幅·奏乐宴饮舞蹈图摹本

图9-35 安伽墓围屏石榻右侧屏风第3幅·车马出行送别图　　图9-36 安伽墓围屏石榻右侧屏风第3幅·车马出行送别图摹本　　图9-37 安伽墓志拓本

固原北朝及隋唐墓地
Cemetery from the Northern Dynasty to the Tang Dynasty in Guyuan

一、【事实性信息】

固原北朝隋唐墓地（Cemetery of the Northern Dynasties and Tang Dynasty Period in Guyuan）是北朝隋唐时期原州——今固原古城高级官员在城市南塬、饮马河北岸的墓地，位于固原市原州区东南约5km的开城镇羊坊村、小马庄村、王涝坝村、深沟村以及清河镇大堡村，距固原古城1.8km。已探明的墓葬分布区东西长约4km，南北宽约2km。

自20世纪80年代以来，共发掘北周及隋唐时期的大、中、小型墓葬50余座，其中知名者有：北周时期的李贤夫妇合葬墓、田弘夫妇合葬墓、宇文猛墓；隋代的史射勿墓；唐代的史道洛墓、史索岩夫妇合葬墓、史河耽夫妇合葬墓、史铁棒墓、史道德墓、梁元珍墓，以及82M2、87M1、M1401唐墓等，以上墓葬建造时间为公元6—7世纪。已发掘的北朝李贤夫妇、田弘夫妇、宇文猛等人的墓葬为长坡道多天井土洞墓。上述已发掘的隋唐墓葬，形制为斜坡长墓道多天井单室墓葬，墓室分为砖室墓和土洞墓两类。其中的六座为史氏家族墓，为魏晋以来由乌兹别克沙赫里夏勃兹地区东迁，后定居于原州的"昭武九姓"之一的史国人。

已发掘的北朝、隋唐墓中，出土大量精美随葬品，包括墓志、砖石构件、壁画、陶制品、铁器、玻璃器、金银器、钱币、玉器、瓷器、铜器、骨器、人骨等类型，数量千余件。其中典型器物有中亚制镏金银壶、波斯萨珊玻璃碗、镶宝石金戒指、银装铁刀、东罗马金币、萨珊银币、蓝宝石印章等中、西亚文物，此外，还出土两具欧罗巴人的骸骨。固原北朝及隋唐墓地的出土文物具有极高的历史、艺术价值。

二、【丝路关联和价值陈述】

固原是古代中原通往西域的咽喉要道，是中原文化、秦陇文化、草原文化和中亚文化的交会圈。固原北朝隋唐墓地中，不乏具有较高社会地位的墓主，曾在丝绸之路沿线重镇固原担任要职，对确保丝绸之路的畅通与繁荣发挥过重要作用。该墓地也是中国境内及发掘的规模最大的粟特移民墓葬群，连同墓地中出土的内涵丰富的中亚、西亚文物，展现了多元民族随丝绸之路来华定居过程中与中原文化的交流与融合，以及对丝绸之路沿线商贸繁荣发展所产生的重大影响。

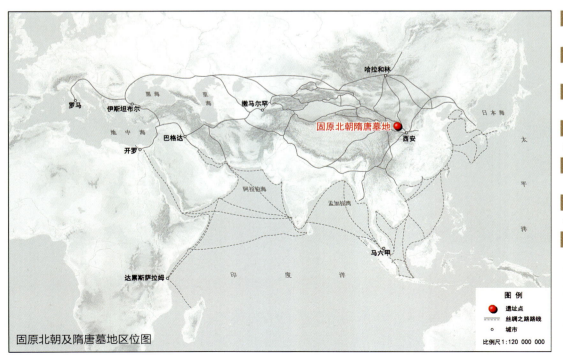

固原北朝及隋唐墓地区位图

类型
古墓葬
地点
宁夏回族自治区固原市
遗存年代
北朝、隋、唐
保护地位
第七批全国重点文物保护单位
地理区位
中原地区
政权—（墓主）民族
北朝、隋、唐—粟特、鲜卑等
丝路关联属性
作为北朝隋唐时期原州高级官员的墓地，固原北朝及隋唐墓地及其丰富的出土文物反映了北朝以来至唐朝丝绸之路繁荣昌盛时期发生的民族迁徙，商业贸易，文化交流

参考文献：

1. 韩孔乐，罗丰. 固原北魏墓漆棺的发现[J]. 美术研究，1984，(2)：5-13.
2. 宁夏回族自治区博物馆，宁夏固原博物馆. 宁夏固原北周李贤夫妇墓发掘简报[J]. 文物，1985，(11)：1-20, 97-100.
3. 宁夏固原博物馆. 宁夏固原唐史道德墓清理简报[J]. 文物，1985，(11)：21-31.
   安家瑶. 北周李贤墓出土的玻璃碗——萨珊玻璃器的发现与研究[J]. 考古，1986，(2)：173-182.
4. 吴焯. 北周李贤墓出土鎏金银壶考[J]. 文物，1987，(5)：66-77.
5. 宿白. 宁夏固原北周李贤墓札记[J]. 宁夏文物，1989，(3)：2-3.
6. 杨泓. 略论北周李贤墓的陶俑和铁刀[J]. 宁夏文物，1989，(3)：10-16.
7. 冯国富，武殿卿，黄丽荣. 固原北魏墓出土文物[J]. 固原师专学报，1991，(4)：105.
8. 冯国富，陈坤，黄丽荣. 固原北朝墓出土文物(之二)[J]. 固原师专学报，1992，(1)：105.
9. 马萨柯，穴泽咊光，张鸿智. 宁夏固原北周李贤墓及其中出土的首饰以古希腊神话故事的镏金银壶述评[J]. 固原师专学报，1992，(2)：92-94.
10. 宁夏文物考古研究所，宁夏固原博物馆. 宁夏固原隋史射勿墓发掘简报[J]. 文物，1992，(10)：15-23.
11. 冯国富. 宁夏固原出土的北周隋唐壁画[J]. 固原师专学报，1995，(3)：46-50.
12. 宁夏文物考古研究所固原工作站. 固原北周宇文猛墓发掘简报[M]//许成. 宁夏考古文集. 银川：宁夏人民出版社，1996：134-147.
13. 姚蔚玲. 宁夏固原北朝墓葬初探[J]. 华夏考古，2002，(4)：86-96.
14. 马建军，周佩妮. 固原北朝文物考古的发现与研究[J]. 固原师专学报，2003，(2)：47-57.
15. 马建军，周佩妮. 固原隋唐时期文物考古的发现与研究[J]. 宁夏大学学报（人文社会科学版），2006，(2)：21-25.
16. 余军，陈晓桦. 宁夏固原唐墓出土一枚萨珊卑路斯银币[J]. 中国钱币，2005，(1)：53-54, 86.
17. 宋燕，马清林. 宁夏固原北周田弘墓出土玻璃残片研究[J]. 玻璃与搪瓷，2008，(2)：35-43.
18. 宁夏回族自治区固原博物馆，中日原州联合考古队. 原州古墓集成[M]. 北京：文物出版社，1999.
19. 马建军. 二十世纪固原文物考古发现与研究[M]. 银川：宁夏人民出版社，2004.
20. 罗丰. 固原南郊隋唐墓地[M]. 北京：文物出版社，2009.
21. 宁夏文物考古研究所. 固原南塬汉唐墓地[M]. 北京：文物出版社，2009.
22. 原州联合考古队. 北周田弘墓[M]. 北京：文物出版社，2009.
23. 原州联合考古队. 唐史道洛墓[M]. 北京：文物出版社，2014.
24. 建筑历史研究所. 固原北朝隋唐墓保护总体规划[R]. 北京：中国建筑设计研究院，2016.
25. 遗产地保护管理机构提供资料，2009.

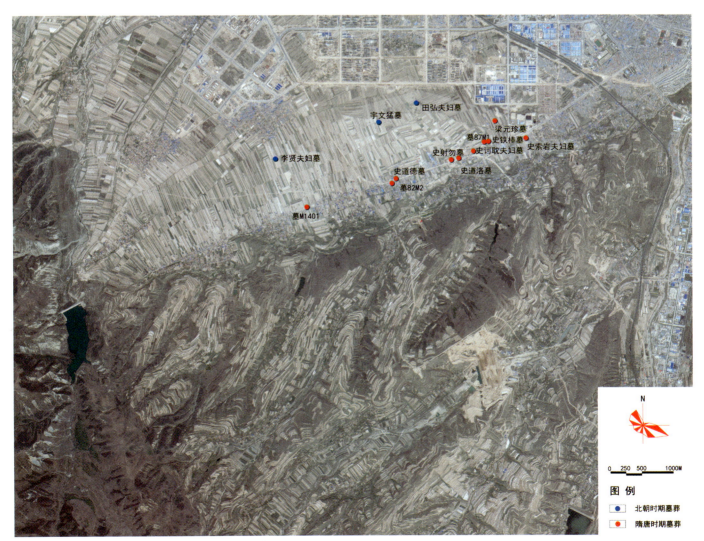

图10-1　固原北朝隋唐墓地主要墓葬分布卫星影像图

图10-2　固原北朝隋唐墓地（局部）鸟瞰

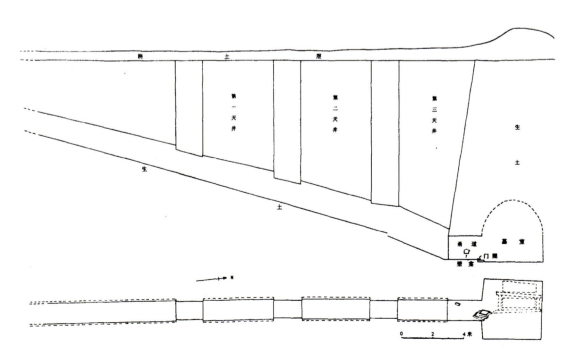

图10-3　北周李贤夫妇墓平面、剖面图

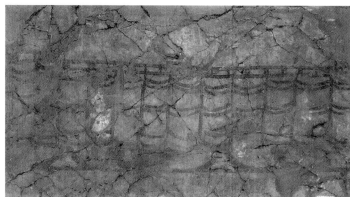

图10-4 北周李贤夫妇墓门楼图壁画

图10-5 北周李贤夫妇墓武士图壁画　　　　　　　　　　　　图10-6 北周李贤夫妇墓侍从伎乐图

图10-7 北周李贤夫妇墓出土鎏金银瓶　　图10-8 北周李贤夫妇墓出土鎏金银瓶腹部图案展开图

图10-9 北周李贤夫妇墓出土玻璃碗　　图10-10 北周李贤夫妇墓出土镶宝饰金戒指　　图10-11 北周李贤夫妇墓出土陶骆驼

图10-12 北周李贤夫妇墓出土陶马、驮驴　　图10-13 北周李贤夫妇墓出土俑阵

图10-14 北周李贤夫妇墓出土李贤墓志盖（拓本）

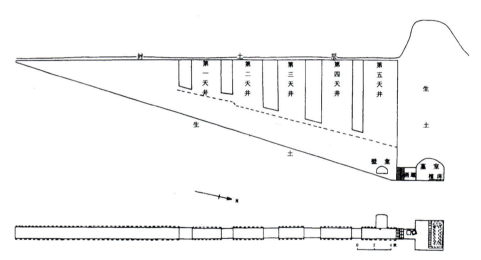

图10-15 北周宇文猛墓平面、剖面图

图10-16 北周宇文猛墓出土甲骑具装俑

图10-17 北周宇文猛墓出土吹奏骑俑

图10-18 北周田弘夫妇墓封土

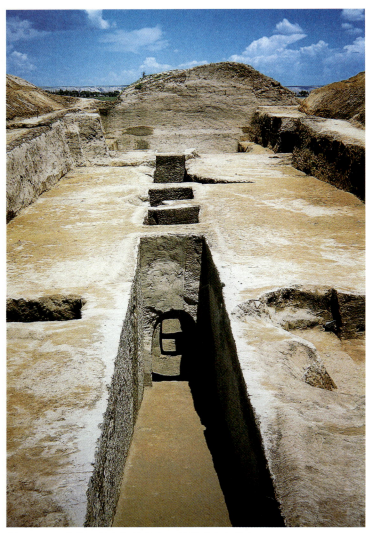

图10-19 北周田弘夫妇墓封土及墓道（南向北）

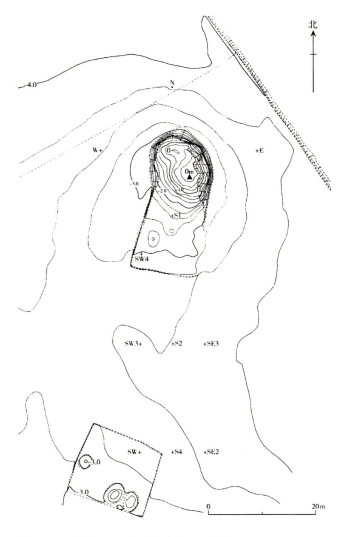

图10-20 北周田弘夫妇墓地表平面实测图

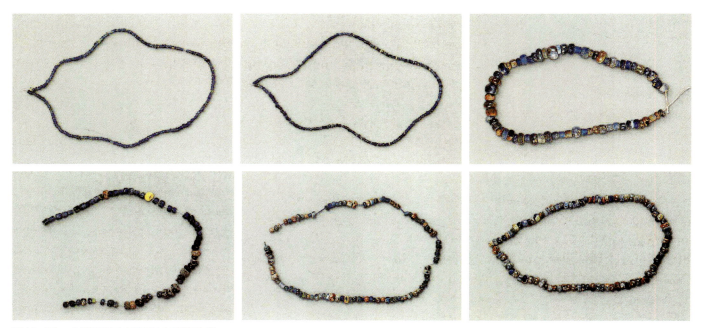

图10-22 北周田弘夫妇墓出土玻璃珠串

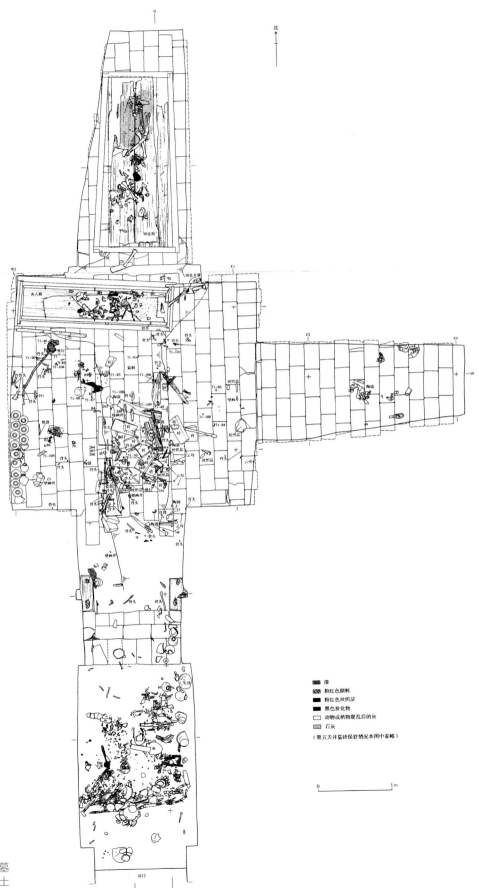

图10-21 北周田弘夫妇墓墓室、墓道、第五天井遗物出土情况平面

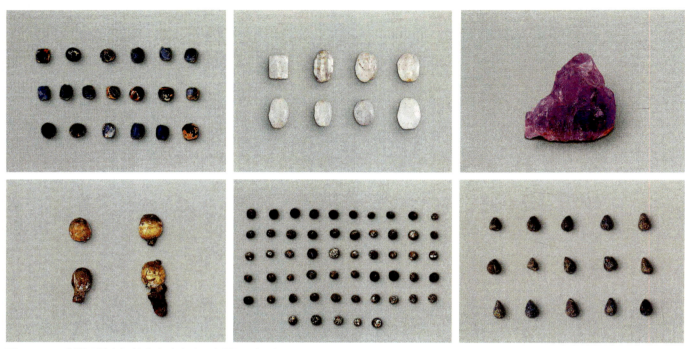

图10-23　北周田弘夫妇墓出土玻璃珠、水晶器、泥珠

图10-24　北周田弘夫妇墓出土铜钱

图10-25　北周田弘夫妇墓出土金币

图10-26　北周田弘夫妇墓出土鎏金花

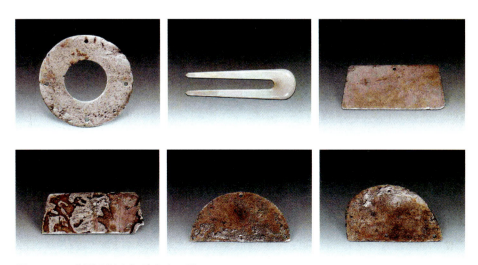

图10-27　北周田弘夫妇墓出土玉器

图10-28　北周田弘夫妇墓出土云母残片（之一）　　　　　　　图10-29　北周田弘夫妇墓出土云母残片（之二）

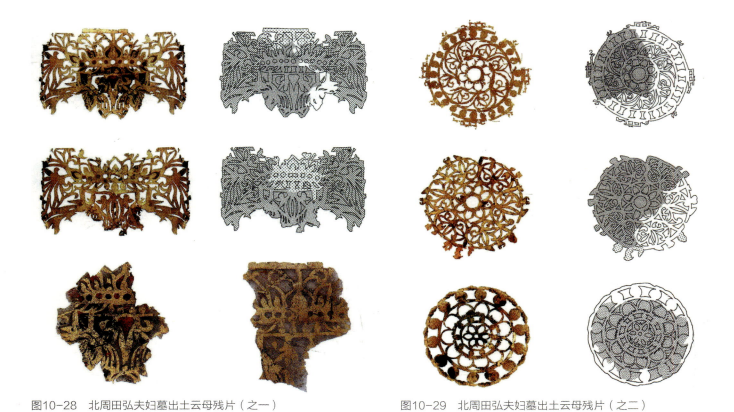

图10-30　隋史射勿墓封土

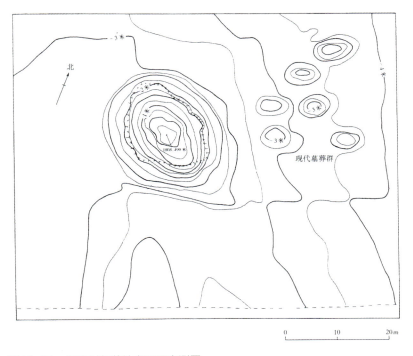
图10-31 隋史射勿墓地表平面实测图

图10-32 隋史射勿墓执刀武士图壁画

图10-33 隋史射勿墓出土萨珊金币

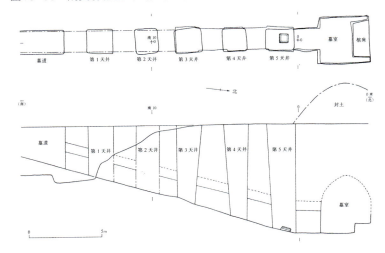
图10-35 唐史道洛墓平面、剖面图

图10-34 唐史道洛墓墓室、天井全景（南向北）

图10-36　唐史道洛墓出土张口武士俑

图10-37　唐史道洛墓出土张口武士俑正视、左侧视实测图　　　　图10-38　唐史道洛墓出土张口武士俑背视、右侧视实测图

图10-39 唐史道洛墓出土兽面镇墓兽

1.正视

2.右侧视

3.背视

图10-40 唐史道洛墓出土兽面镇墓兽实测图

图10-41　唐史道洛墓出土东罗马金币及海贝

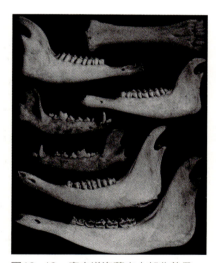

图10-42　唐史道洛墓出土部分兽骨

图10-44　唐史索岩夫妇墓出土金币　　图10-45　唐史索岩夫妇墓出土鎏金水晶附饰

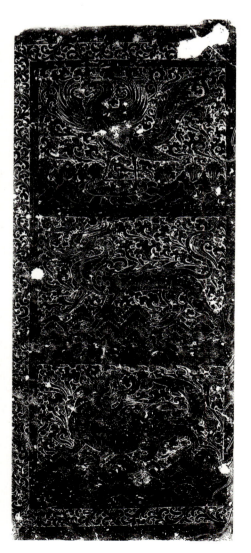

图10-43　唐史索岩夫妇墓石门雕刻（拓本）

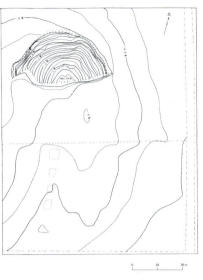

图10-46 唐史诃耽夫妇墓封土

图10-47 唐史诃耽夫妇墓地表平面实测图

图10-48 唐史诃耽夫妇墓出土宝石印章

图10-49 唐史诃耽夫妇墓出土六曲玻璃杯

图10-50 唐史诃耽夫妇墓出土金币

图10-51 唐史铁棒墓出土金币

图10-52 唐史道德墓出土金覆面

图10-53 唐史道德墓出土金币

图10-54　唐梁元珍墓出土牵马图壁画

图10-55　唐梁元珍墓男装侍女图壁画

李寿墓
Tomb of Li Shou

一、【事实性信息】

李寿墓（Tomb of Li Shou）是唐太祖李虎之孙、郑孝王李亮嫡子、高祖李渊堂弟李寿（公元577年—630年）的墓葬，位于陕西省咸阳市三原县陵前镇焦村。李寿字神通，陇西狄道人，公元630年（唐贞观四年）12月卒于长安延福里第，享年54岁，翌年12月下葬。赠司空，谥曰靖，陪葬唐献陵。李寿墓地面残存的封土为不规则圆锥形，高8.40m，底边周长61.40m，夯筑。紧靠封土由北向南排列着石人1件、石羊2对、石虎1对、石柱1对。该墓为砖壁土顶砖室墓，由墓道口、过洞、天井、小龛、甬道、墓室组成。全长44.40m，朝向南偏东14°。其小龛和墓室出土陶、瓷、金、铜、铁、玉、料、玻璃等器物三百余件，大部分为彩绘陶俑及生活用具。

李寿墓最重要且极具艺术价值的发现为壁画与石椁。李寿墓壁画主要分布在墓道、过洞、天井、甬道、墓室，以天井列戟壁画为界限定前后内容，主要包括仪仗出行、狩猎、劳动生产、列戟、侍卫、楼阙、寺观、庭院乐舞等仿写现实类及飞天、仙人等具升仙类题材。李寿墓石椁在西安唐代大幕石椁中不仅年代早，而且线刻内容极为丰富，且写实性远高于其他石椁线刻之装饰性。石棺线刻作为墓室画像的延续，外部阴刻四神、侍臣及四周甲士，表现石棺之墓主人生前寝殿属性，内部椁顶刻星象图，椁底周围刻十二生肖，四壁人物众多，最值得注意的是捧持各种器物的侍女和奏乐、起舞的伎乐人，即"侍女图"和"乐舞图"。侍女图两幅，分为18人及20人，均为三排，手中所持器物包括乐舞用具、游艺用具及燕息用具三类。乐舞图分列石椁内侧东、北、西壁，东壁上站立演奏乐伎12人，北壁坐姿演奏乐伎12人，西壁舞伎6人。

二、【丝路关联和价值陈述】

李寿墓石椁线刻乐舞图带有龟兹音乐文化色彩，其演奏之内容是盛行于南北朝晚期至隋唐时期的西凉乐，是内地传

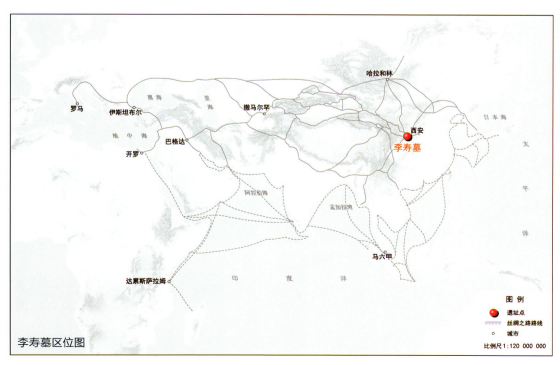

李寿墓区位图

类型
古墓葬
地点
陕西省咸阳市
遗存年代
公元631年（唐贞观五年）
保护地位
无
地理区位
中原地区
政权—（墓主）民族
唐—汉族
丝路关联属性
作为唐高祖李渊堂弟李寿的墓葬，尤其反映了中原传统乐舞文化对西域音乐文化的吸收与融合

统俗乐——清乐融合了西域龟兹乐的产物，即华化的西域音乐，而舞蹈内容则以汉族传统风格的表演为主导，反映了西域音乐文化通过丝绸之路向内地的传播及对中原舞乐的影响与渗透。另壁画中出现的胡床、高脚杯、八曲长杯、筌蹄等生活用品，无不彰显外域文化特征。李寿墓壁画及石椁线刻图像鲜明地展现了丝绸之路中西方文化艺术的交流与融合。

参考文献：
1. 王镇亚. 唐李寿墓发掘简报[J]. 文物，1974，(9)：71-88.
2. 陕西省博物馆，文管会. 唐李寿墓壁画试探[J]. 文物，1974，(9)：89-94.
3. 孙机. 李寿墓石椁线刻《侍女图》《乐舞图》散记（上）[J]. 文物，1996，(5)：33-48.
4. 孙机. 李寿墓石椁线刻《侍女图》《乐舞图》散记（下）[J]. 文物，1996，(6)：56-68.
5. 宿白. 西安地区唐墓壁画的布局和内容[J]. 考古学报，1982，(2)：137-152.
6. 李域铮. 唐李寿墓石椁线刻坐部伎、立部伎图[J]. 乐器，1985，(1)：40-41.
7. 程义. 李寿墓壁画的内容、布局及其渊源——兼论唐代早期壁画风格. 西安电子科技大学学报（社会科学版），2006，(11)：93-97.
8. 倪润安. 唐李寿墓壁画的"贞观探索"[J]. 考古，2016，(11)：104-112,2.
9. 陕西历史博物馆. 李寿墓乐舞图[J]. 文博，2010，(3)：97.
10. 陕西省考古学会. 陕西考古重大发现 1949-1984[M]. 西安：陕西人民出版社，1986.
11. 中华人民共和国重大考古发现编辑委员会. 中华人民共和国重大考古发现 1949-1999[M]. 北京：文物出版社，1999.
12. 中国墓室壁画全集编辑委员会. 中国墓室壁画全集 2 隋唐五代[M]. 石家庄：河北教育出版社，2011.
13. 中国画像石全集编辑委员会. 中国画像石全集 8 石刻线画[M]. 郑州：河南美术出版社，2000.

图11-1 唐李寿墓发掘前外景

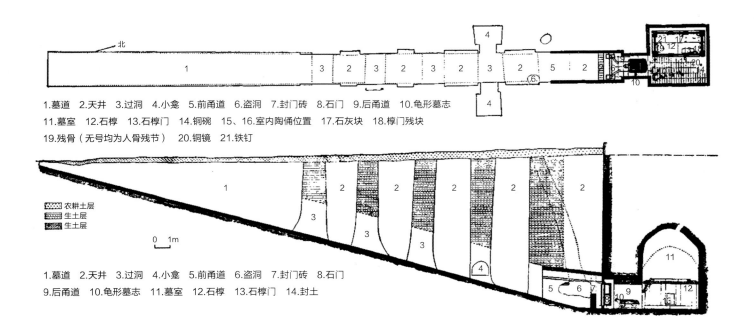

图11-2 唐李寿墓平面、剖面图

图11-3　唐李寿墓墓道东壁骑马出行壁画

图11-4　唐李寿墓墓道西壁牵马人壁画

图11-5　唐李寿墓墓道西壁仪仗队二人骑马壁画

图11-6　唐李寿墓出行图局部

图11-7　唐李寿墓第一过洞东壁步行仪仗队壁画

图11-8　唐李寿墓第一过洞西壁步行仪仗队壁画

图11-9　唐李寿墓第四天井东壁列戟壁画

图11-10　唐李寿墓乐舞图壁画

图11-11　唐李寿墓石椁

图11-12　唐李寿墓墓门

图11-13 唐李寿墓石椁外壁石刻线描

图11-14 唐李寿墓石椁内壁侍女图一线描

图11-15 唐李寿墓石椁内壁侍女图二线描

图11-16 唐李寿墓石椁内壁立式奏乐图线描

图11-17 唐李寿墓石椁内壁坐姿奏乐图线描

图11-18 唐李寿墓石椁内壁舞蹈图线描

图11-19　唐李寿墓石椁线刻伎乐拓本

图11-21　唐李寿墓石椁侍卫石刻拓本

图11-20　唐李寿墓石椁线刻奏乐拓本

昭陵
Zhao Mausoleum

一、【事实性信息】

昭陵（Zhao Mausoleum）是唐太宗李世民（公元 626 年—649 年在位）与长孙皇后的陵寝，位于陕西省咸阳市礼泉县城东北 22.5km 的九嵕山。昭陵大规模营建至迟始于公元 636 年（唐贞观十年），至公元 649 年（唐贞观二十三年）李世民入葬止，是关中唐十八陵中规模最大、面积最大、陪葬墓最多的一座，开创了唐代帝陵因山为陵和功臣密戚陪陵之制，对唐代陵墓制度影响颇大。

昭陵玄宫开凿于九嵕山主峰南面山腰处，主峰海拔 1 188m，主峰南面地势辽阔，以山陵为几点向东南、西南方向延伸铺展，陵域占地约 2 万 hm²。昭陵沿山峰四周建陵垣，平面呈方形，四隅置角阙，四面设陵门。南门朱雀门内建有献殿，献殿西南建寝宫。陵北门曰司马门，有司马院，为后代帝王祭陵之处。经考古发掘，北司马院唐代建筑遗址分布在九嵕山北的三级台地上，由北向南为一对三出阙，东西对称的列戟廊，司马门，门两侧连接北陵墙，由司马门设铺砖道路连接门内大殿，殿前东西对置廊式建筑各七间，内置十四国番君长像和昭陵六骏石刻。昭陵石刻遗存主要集中在北司马院，其中以反映在唐任职的各民族藩酋像和唐太宗生前所乘六匹战马——"昭陵六骏"浮雕为精。

史载昭陵陪葬 166 座，实际已调查发现 190 座，包括太宗子女亲属外还有功臣，重要者如韦贵妃墓、李勣（徐懋功）墓、新城公主墓、阿史那忠墓、尉迟敬德墓、张士贵墓、郑仁泰墓、安元寿墓等，已经发掘、出土大量精美壁画、彩绘俑、墓志、器物等。

二、【丝路关联和价值陈述】

唐太宗李世民在位期间开创了"贞观之治"，其视华夷如一，妥善处理各民族之间关系，维护国家统一和辽阔疆域，为唐王朝达到中国封建社会鼎盛时期奠定了坚实的基础，也为"丝绸之路"的空前繁荣奠定了基础。昭陵及其出土文物，反映了李世民创建唐王朝之功绩和与周边国家、民族的友好关系，是中原传统农耕文明、北方游牧文化与丝路文明相互交融的见证。

类型
古墓葬
地点
陕西省咸阳市
遗存年代
公元 636 年—649 年 （唐贞观十年至贞观二十三年）
保护地位
第一批全国重点文物保护单位
地理区位
中原地区
政权—（墓主）民族
唐—汉族
丝路关联属性
作为唐太宗与长孙皇后的陵寝，见证了唐代丝绸之路鼎盛前期的中西物质与文明交流

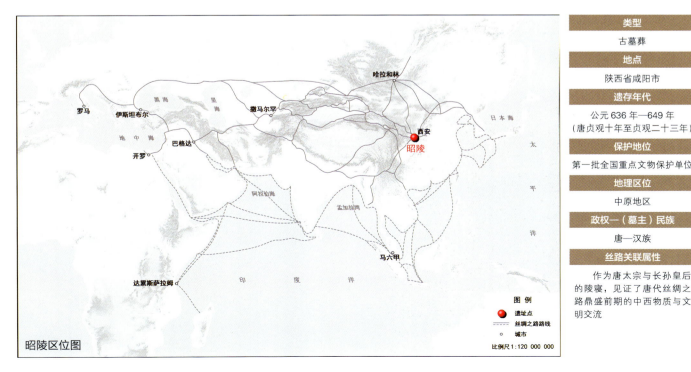

昭陵区位图

参考文献：

1. 傅熹年. 中国古代建筑史·第二卷：两晋、南北朝、隋唐、五代建筑[M]. 北京：中国建筑工业出版社，2001.
2. 刘向阳、王效峰、李阿能. 丝绸之路鼎盛时期的唐代帝陵[M]. 西安：三秦出版社，2015.
3. 王伯扬. 中国古建筑大系2帝王陵寝建筑[M]. 北京：中国建筑工业出版社，2004.
4. 辛德勇，郎洁. 长安志·长安志图[M]. 西安：三秦出版社，2013.
5. 贺梓城. "关中唐十八陵"调查记[M]//文物编辑委员会. 文物资料丛刊（3）. 北京：文物出版社，1980：139-150.
6. 陕西省考古研究所、昭陵博物馆. 2002年度唐昭陵北司马门遗址发掘简报[J]. 考古与文物，2006，(6)：3-16，2，114.
7. 张建林，王小蒙. 对唐昭陵北司马门遗址考古新发现的几点认识[J]. 考古与文物，2006，(6)：17-22.
8. 昭陵文物管理所. 昭陵陪葬墓调查记[J]. 文物，1977，(10)：33-40，49，98.
9. [法]沙畹. 中国文化史迹 北中国考古图录 下[M]. 杭州：浙江人民美术出版社，2018.
10. 张建林. 唐昭陵显露冰山一角[J]. 中国国家地理，2005，(6)：112-116.
11. 刘向阳. 唐代帝王陵墓[M]. 西安：三秦出版社，2003.
12. 程征，李惠. 唐十八陵石刻 三百里雕刻艺术馆[M]. 西安：陕西人民美术出版社，1988.
13. 陈安利. 中华国宝：陕西珍贵文物集成：唐三彩卷[M]. 西安：陕西人民教育出版社，1998.
14. 陕西省文物管理委员会，礼泉县昭陵文管所. 唐阿史那忠墓发掘简报[J]. 考古，1977，(2)：132.
15. 陕西省博物馆，礼泉县文教局唐墓发掘组. 唐郑仁泰墓发掘简报[J]. 文物，1972，(7)：33-45.
16. 陕西省文管会，昭陵文管所. 陕西礼泉唐张士贵墓[J]. 考古，1978，(3)：168.
17. 昭陵博物馆. 唐安元寿夫妇墓发掘简报[J]. 文物，1988，(12)：37.
18. 昭陵博物馆. 唐昭陵长乐公主墓[J]. 文博，1988，(3)：10-30，97-101.
19. 昭陵博物馆. 唐昭陵李勣(徐懋公)墓清理简报[J]. 考古与文物，2000，(3)：3-15.
20. 昭陵文物管理所. 昭陵尉迟敬德墓发掘简报[J]. 文物，1978，(5)：20-26.
21. 陕西省考古研究所. 唐新城长公主墓发掘报告[M]. 北京：科学出版社，2004.

图12-1　昭陵陵山九嵕山主峰及北司马院

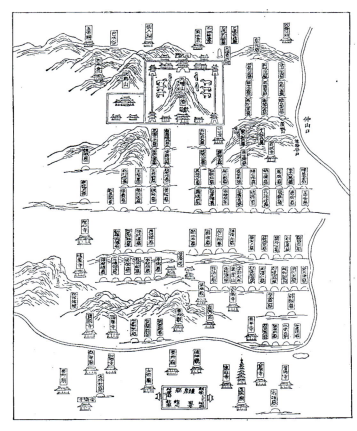

图12-2 昭陵图

图12-3 昭陵北司马院考古发掘情况

图12-4　昭陵六骏之特勤骠

图12-5　昭陵六骏之拳青骓

图12-6　昭陵六骏之什伐赤

图12-7　昭陵六骏之飒露紫

图12-8　昭陵六骏之拳毛䯄

图12-9　昭陵六骏之白蹄乌

图12-10 昭陵石刻走狮

图12-11 昭陵十四国番君长之一石像

图12-12 昭陵十四国番君长像头部残块

图12-13 昭陵郑仁泰墓出土彩绘釉陶胡人骑马俑

图12-14 昭陵陪葬墓出土三彩骑驼胡人俑

图12-15 昭陵韦贵妃墓出土胡人献马图

乾陵
Qian Mausoleum

一、【事实性信息】

乾陵（Qian Mausoleum）为唐高宗李治（公元649年—683年在位）及其皇后武则天（公元690年—705年在位）之陵，位于陕西省咸阳市乾县城北的梁山之上，是中国唯一埋葬了两位皇帝的陵墓，其规模宏大，气势雄伟，被誉为关中唐陵之冠。

乾陵因山为陵，以海拔1 047m的梁山主峰为玄宫，前有墓道，均位于陵山之下。乾陵设南外双重陵垣，梁山主峰向南有一条支脉，其南端东西各有一丘，其上各建一座高大阙台，阙外有残墙，即外陵垣南墙，两丘之间有门址，即外陵垣南门。外垣北墙长1 764.6m，西墙长1 695.9m，东墙长2 002m，南墙走向现不明确，内垣东南西北四面神墙分别长1 582m、1 438m、1 450m、1 450m，内垣四角设角阙、四面各开一陵门，门外常设石狮一对、门阙一对，北门玄武门外加设石马、石虎等像。南门朱雀门外加设石人像，门内建有献殿，即上官。自外陵垣南门始向北依主峰支脉为神道，由南至北两侧列有华表、天马、鸵鸟（朱雀）、石马、石人等十八对石刻，石刻后东西各立一巨碑，西为武则天撰述圣记碑、东侧为无字碑，原有碑亭建筑，现仅存遗址。碑后为朱雀门之门阙，阙内东西两侧立蕃臣石像60身。外陵垣南门之外支脉已尽，降为平地，其南2 850m处有阙一对，是进入乾陵封域标志，自此之神道入口门址出为陵道。乾陵下宫位于陵山西南方2.5km处，为一组大型建筑群。

乾陵陪葬墓已发现18座，其中重要者如章怀太子墓、懿德太子墓、永泰公主墓等均已发掘，出土有大量精美玉质欧体阴刻填金哀册、三彩俑、贴金甲马武士俑、大型线刻彩绘石棺椁及陶、金、玉、铜、铁等各类器物。此外还有墓室内绘制的众多壁画，其内容包括：天象、青龙、白虎、太子出行仪仗、列戟、阙楼、驯豹、架鹰、宫女、内侍等，题材广泛、构思严密、技巧娴熟，真实地反映出盛唐时代之宫廷生活。

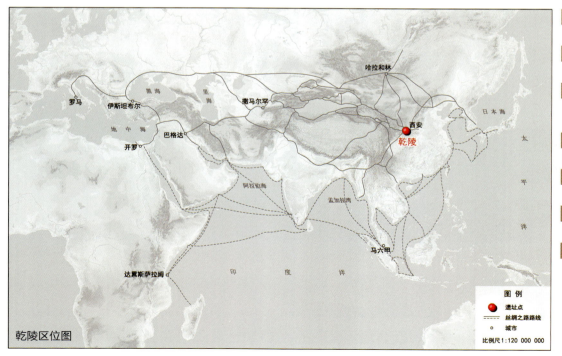

乾陵区位图

类型
古墓葬
地点
陕西省咸阳市
遗存年代
公元684/706年（唐光宅元年/神龙二年）
保护地位
第一批全国重点文物保护单位
地理区位
中原地区
政权—（墓主）民族
唐—汉族
丝路关联属性
作为唐高宗李治及武则天的陵寝，见证唐代丝绸之路鼎盛时期中西文化交流、民族交往及兼容并蓄的文化气象

二、【丝路关联和价值陈述】

唐高宗、武则天治下的唐朝,国家统一,国力充盈,经济繁荣,文化发达,对外交流频繁,前承贞观之治遗风,后继开天盛世。乾陵作为这二位皇帝的陵寝,对自然地形毫发无憾地巧妙利用所体现的恢弘气势冠绝中国古代帝陵,正是盛唐风貌的体现。其神道石刻、蕃酋像,以及陪葬墓出土的具有域外文化特色的珍贵俑像、壁画、器物等,见证了唐代丝绸之路鼎盛时期中西文化交流、民族交往,均充分展现了大唐王朝兼容并蓄的文化气象。

参考文献:
1. 贺梓城."关中唐十八陵"调查记[M]//文物编辑委员会. 文物资料丛刊(3). 北京:文物出版社,1980.
2. 杨正兴. 乾陵勘察情况[J]. 文物,1959,(7):73.
3. 陕西省文物管理委员会. 唐乾陵勘察记[J]. 文物,1960,(4):53-60.
4. 王双怀,樊英峰. 唐乾陵研究[M]//樊英峰. 乾陵文化研究1. 西安:三秦出版社,2005.
5. 穆兴平. 唐乾陵陵园城垣考[J]. 文博,2013,(6):54-58.
6. 傅熹年. 中国古代建筑史 第2卷 两晋、南北朝、隋唐、五代建筑[M]. 北京:中国建筑工业出版社,2001.
7. 王伯扬. 中国古建筑大系2帝王陵寝建筑[M]. 北京:中国建筑工业出版社,2004.
8. 辛德勇,郎洁. 长安志·长安志图[M]. 西安:三秦出版社,2013.
9. 陕西省文物管理委员会. 唐永泰公主墓发掘简报[J]. 文物,1964,(1):7-34.
10. 陕西省博物馆,乾陵文教局唐墓发掘组. 唐章怀太子墓发掘简报[J]. 文物,1972,(7):13-25.
11. 陕西省博物馆,乾县文教局唐墓发掘组. 唐懿德太子墓发掘简报[J]. 文物,1972,(7):26-32.
12. 刘向阳、王效峰、李阿能. 丝绸之路鼎盛时期的唐代帝陵[M]. 西安:三秦出版社,2015.
13. 陈安利. 高贵的葬仪——唐代皇陵与皇亲国戚墓[M]. 成都:四川教育出版社,1998.

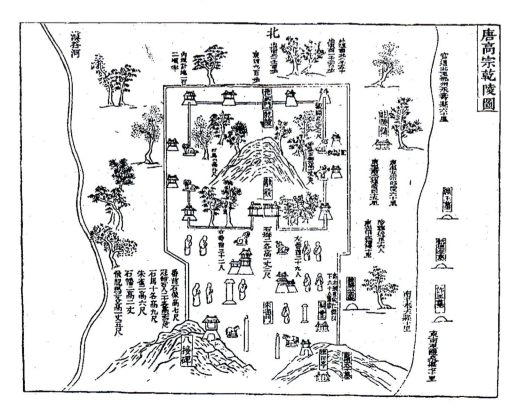

图13-1 唐高宗乾陵图

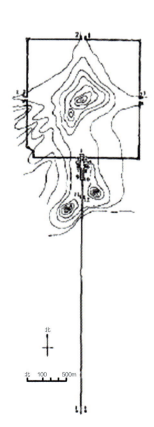

图13-2 乾陵平面示意图

图13-3 乾陵全景（前景为永泰公主墓）

中原地区墓葬　111

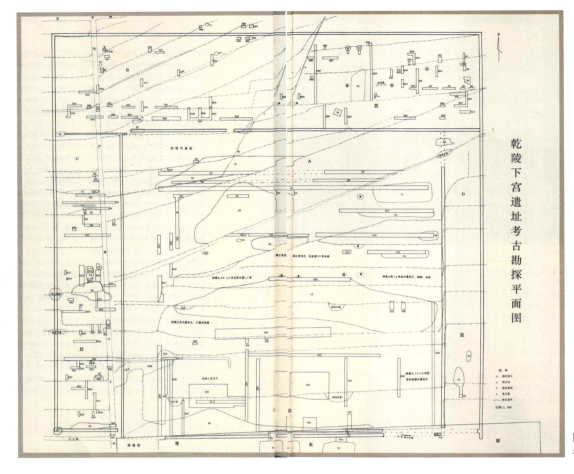

图13-4 乾陵下宫遗址考古勘探平面图

图13-5 乾陵神道北望

图13-6 乾陵无字碑碑亭遗址

图13-7 乾陵番酋像

图13-8 乾陵蹲狮石刻

图13-9 乾陵鸵鸟石刻

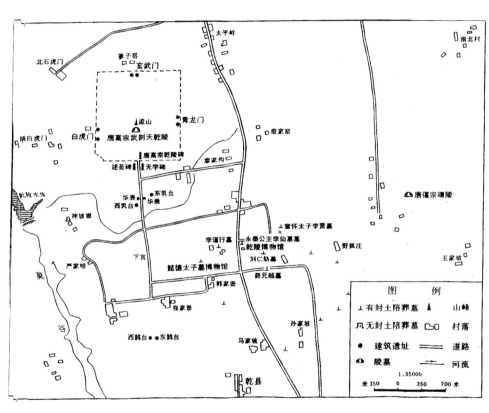
图13-10 乾陵陪葬墓分布示意图

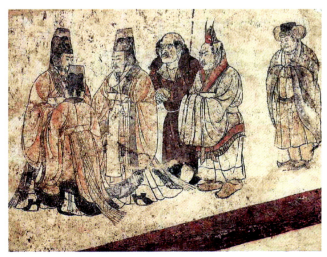
图13-11 乾陵章怀太子墓出土客使图局部

图13-12 乾陵章怀太子墓出土狩猎出行图局部

图13-13　乾陵永泰公主墓前室

图13-14　乾陵永泰公主墓侍女壁画

李晦墓
Tomb of Li Hui

一、【事实性信息】

李晦墓（Tomb of Li Hui）是唐太宗李世民堂侄李晦（公元627年—689年）的墓葬，位于陕西省西安市高陵县泾渭镇马家湾村南约1km的渭北台地上，东距泾渭之汇约6km，北眺泾河，南濒渭水。李晦字慧炬，为李世民堂兄、唐朝开国元勋、凌烟阁功臣李孝恭之子，唐睿宗及武则天时期官拜右金吾卫大将军、秋官尚书，去世后被追封为幽州都督。

李晦墓具有独立陵园，墓前有石碑、石翁仲等。1995年进行了抢救性发掘。墓葬由长斜坡墓道、7个天井和过洞、6个壁龛以及前、后、西三条甬道和墓室组成，三座墓室呈"品"字形排列，为唐墓形制中的一个新类型。此墓虽屡经盗掘，但其隐秘的西侧室仍保存有壁画、墓志、石门、石椁具，以及大量三彩俑、陶俑等珍贵文物。

李晦墓出土的唐三彩俑为迄今发现的最早的纪年墓出土唐三彩，包括三彩立俑、三彩骑马俑、三彩模型明器等。其中有三彩立俑114件，完整者90件，有风帽立俑、幞头立俑、昆仑奴立俑。三彩骑马俑34件，修复完整者26件。

二、【丝路关联和价值陈述】

李晦墓出土的唐三彩中有大量带风帽和幞头的胡人、昆仑奴形象以及风帽、服饰等，反映了通过丝绸之路西域与内地人员交往的常态，因其是至今发现最早的唐三彩，故有着特殊的意义。

参考文献：
1. 焦南峰. 唐秋官尚书李晦墓三彩俑[J]. 收藏家. 1997, (6)：4-6.
2. 石宁. 唐秋官尚书李晦墓出土最早的唐三彩人俑[J]. 收藏, 2016, (17)：26-35.
3. 耕生. 迄今最早纪年墓出土的唐三彩俑·唐秋官尚书李晦墓考古成果在陕展出[J]. 收藏, 2016, (5)：80-83.
4. 焦南峰, 王保平, 马永嬴. 唐《秋官尚书李晦墓志》考略[M]//西安碑林博物馆. 碑林集刊（总第10辑）2004. 西安：三秦出版社, 2004：36-44.
5. 陈安利. 中华国宝：陕西珍贵文物集成：唐三彩卷[M]. 西安：陕西人民教育出版社, 1998.
6. 杨泓. 中国美术全集 墓葬及其他雕塑2[M]. 合肥：黄山书社, 2010.12.

类型
古墓葬
地点
陕西省西安市
遗存年代
公元689年（唐永昌元年）
保护地位
县级文物保护单位
地理区位
中原地区
政权—（墓主）民族
唐—汉族
丝路关联属性
作为唐太宗李世民堂侄李晦之墓，其出土文物反映了西域与中国内地通过丝绸之路发生的交流与交往

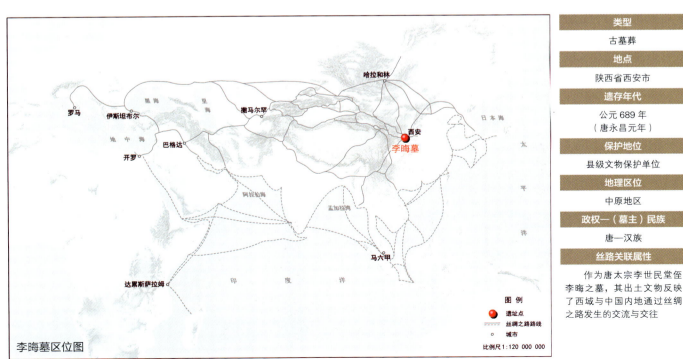

李晦墓区位图

图14-1　李晦墓西侧室

图14-2　李晦墓出土三彩风帽俑组合

图14-3　李晦墓出土三彩幞头立俑

图14-4　李晦墓出土三彩幞头骑马俑

图14-5　李晦墓三彩幞头骑马俑（局部）

图14-6　李晦墓出土三彩戴小冠骑马乐伎俑

图14-7　李晦墓出土三彩女性骑马俑

图14-8　李晦墓出土三彩风帽骑马俑

图14-9　李晦墓出土三彩骑马执鼓俑

图14-10　李晦墓出土三彩陶马俑

图14-11　李晦墓出土三彩昆仑奴立俑

图14-12　李晦墓出土三彩水井

桥陵
Qiao Mausoleum

一、【事实性信息】

桥陵（Qiao Mausoleum）为唐睿宗李旦（公元684—690年、公元710—712年在位）之陵，位于陕西省渭南市蒲城县城西北15km的丰山，海拔751m，因山为陵，陵山所在群山具有"三山九峰一平台"的宏大气势，西面由三座山峰组成一屏，背面崇山峻岭蜿蜒起伏，南望辽阔平野，与秦岭遥遥相对。

唐陵建制基本因袭唐高宗之乾陵，以丰山主峰为陵山，南坡半山处向山体内开凿墓道直通玄宫。陵园城垣绕山而筑，平面呈"刀把"形，东北方向凸出，意在包围一座小山峰。陵垣四角建有角阙，四面各开一门，门外各有石狮、门阙一对。南神门外西阙以南有蕃酋殿，廊式建筑，出土有蕃酋石像。北神门与南神门外均设神道。北神门神道两侧置石马3对，南神门神道两侧由南至北设华表、翼兽、鸵鸟各1对，石马5对，石人10对，保存基本完好。南神道南端建阙台1对。下宫位于陵园西南，为寝殿，两重宫墙，平面呈南北向矩形，内宫偏置外宫之西北。内外两宫均于南墙中部设宫门，内部为多组院落式建筑群。此外，陵区封域最南端尚有阙台一对。史籍所载，桥陵内建筑还有南门内九间献殿，及贞元十四年增建屋宇140间。今除门阙、角阙、阙台、石刻外，其余建筑均已不存。

《唐会要》载桥陵陪葬墓8座，现确认有12座，主要集中在陵园东南部。主要者如惠庄太子李㧑、金仙长公主、唐惠陵（唐让帝李宪夫妇合葬墓）等均已发掘。

二、【丝路关联和价值陈述】

唐睿宗李旦为高宗李治和武后之子，一生两继大统，两度禅位，于政治斗争中保全自身。第二次登基后李旦革中宗弊政，进忠良，退不肖，大有复贞观、永徽之风，后主动让位于太子李隆基，遂始迈向开元之治的鼎盛时代。

唐桥陵营建于大唐盛世，其时国家统一、民族团结、社会安定、经济繁荣，成为桥陵物质艺术的坚实基础。桥陵具有域外文化特征的石刻、出土物等，见证了盛唐时期中西方文化与物质的广泛交流。

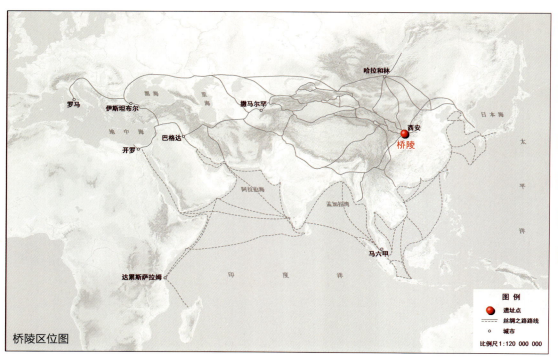

桥陵区位图　比例尺 1:120 000 000

类型
古墓葬
地点
陕西省渭南市
遗存年代
公元716年（唐开元四年）
保护地位
第一批全国重点文物保护单位
地理区位
中原地区
政权—（墓主）民族
唐—汉族
丝路关联属性
作为营建于盛唐的睿宗李旦之陵，见证盛唐时期丝绸之路中西方物质与文化交流

参考文献：

1. 刘向阳，王效峰，李阿能. 丝绸之路鼎盛时期的唐代帝陵[M]. 西安：三秦出版社，2015.
2. 贺梓城. "关中唐十八陵"调查记[C]//文物编辑委员会. 文物资料丛刊（3）. 北京：文物出版社，1980：139-150.
3. 王世和，楼宇栋. 唐桥陵勘察记[J]. 考古与文物，1980，(4)：54-62.
4. 陕西省考古研究院. 唐睿宗桥陵陵园遗址考古勘探、发掘简报[J]. 考古与文物，2011，(1)：11-23，91，118-121，123.
5. 程征，李惠. 唐十八陵石刻 三百里雕刻艺术馆[M]. 西安：陕西人民美术出版社，1988.
6. 陕西省考古研究所，蒲城县文体广电局. 唐惠庄太子墓发掘简报[J]. 考古与文物，1999，(2)：3-22.
7. 陕西省考古研究所. 惠庄太子李撝墓发掘报告[M]. 北京：科学出版社，2004.
8. 陕西省考古研究所. 唐李宪墓发掘报告[M]. 科学出版社，2005.

图15-1　远眺唐桥陵陵山

图15-3　桥陵南神门三出阙遗址

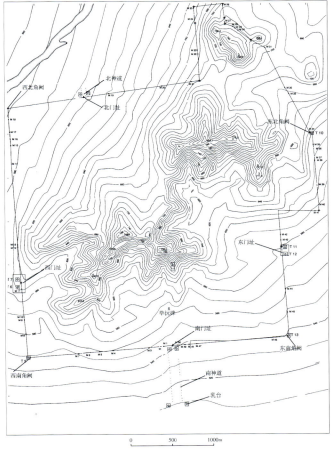

图15-2　桥陵陵垣走向图

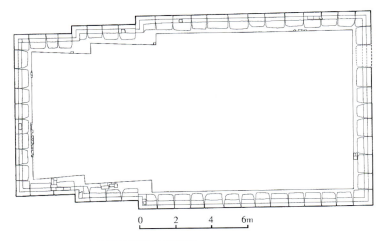

图15-4　桥陵南神门西阙遗址平面图

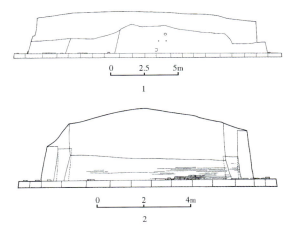

图15-5　桥陵南神门西阙遗址南、西立面图

图15-6 桥陵南神道北望

图15-7 桥陵南神门外西侧石狮

图15-8 桥陵石蹲狮

图15-9 桥陵南神道东侧石翼兽

图15-10 桥陵石马

图15-11 桥陵神道石刻鸵鸟

图15-12 桥陵神道石刻侍臣

图15-13 桥陵神道石刻侍臣头部之一

图15-14 桥陵神道石刻侍臣头部之二

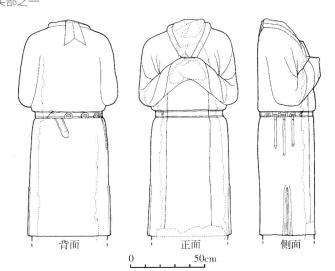
图15-15 桥陵出土蕃酋石像

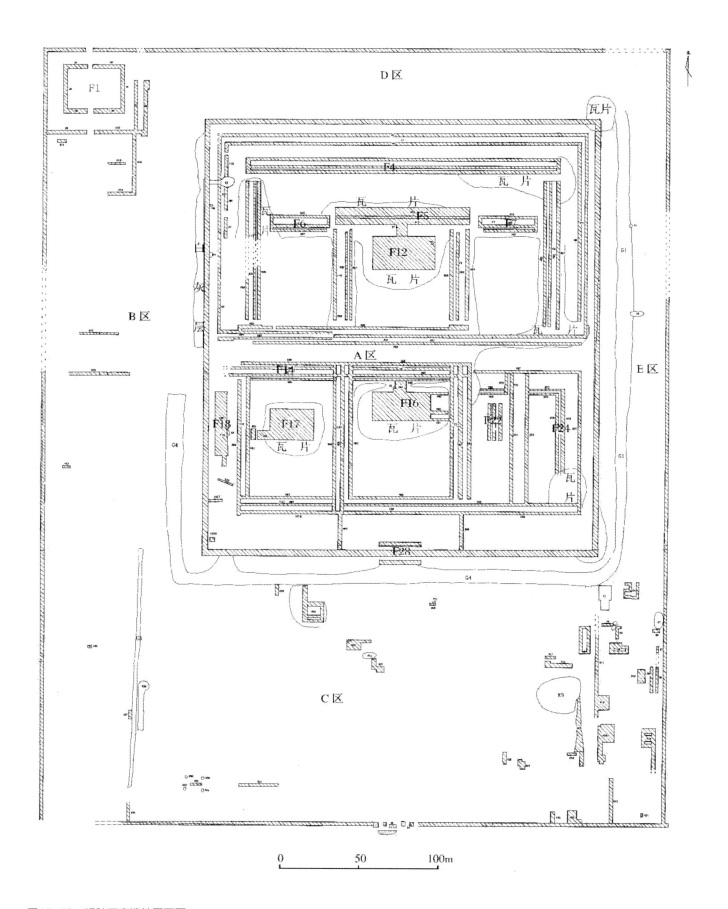

图15-16 桥陵下宫遗址平面图

金仙长公主墓
Tomb of Princess Jin Xian

一、【事实性信息】

金仙长公主墓（Tomb of Princess Jin Xian）是唐睿宗李旦第八女之墓，属睿宗桥陵之陪葬墓，位于渭南市蒲城县桥陵南武家屯村，地处桥陵东南。唐金仙公主（公元692—736年）讳无上道，与唐玄宗李隆基、玉真公主同为睿宗与昭成顺圣皇后窦氏而生。公元711年（唐景云二年），改封金仙公主。公元706年（唐神龙二年），十八岁的公主度为女道士，以道士史崇玄和叶法善为师。公元732年（唐开元二十年）金仙公主卒于洛阳开元观，公元736年（唐开元二十四年）陪葬桥陵。

20世纪70年代陕西省考古研究所对唐金仙公主墓了进行抢救性发掘。原封土呈覆斗形，现已平。其墓前原有石羊、金仙长公主神道碑，碑为青石质，六螭首，龟趺，通高4.2m，宽1.3m，厚0.42m，徐峤撰文，唐玄宗手书，笔势遒劲，乃行书佳作，现藏蒲城县唐惠陵院内。

墓为斜坡形墓道，有5个天井、6个小龛、前后2个墓室，室内有石椁。墓内出土墓志1合，正方形，边长1.1m，志盖篆书"大唐故金仙长公主志石之铭"，边饰线刻卷草纹。志文为金仙公主之妹玉真公主楷书，中大夫守大理少卿集贤院学士上柱国慈源县开国公徐峤奉敕撰文，梁州都督府户曹参军直集贤院卫灵鹤镌刻并篆额。此外，墓内出土有武士俑、天王俑、乐伎俑、胡俑、生肖俑、骆驼俑，以及镇墓兽等大量彩绘陶俑。

二、【丝路关联和价值陈述】

金仙公主作为唐代开元盛世时期的公主，其墓中出土的彩绘陶俑在造型艺术上有很高的成就，特别是胡骑俑和满载丝绸的驼俑，从侧面反映了盛唐时期西亚诸国和唐商贸交流的盛况。

参考文献：
1. 李帮. 唐金仙公主生平事迹考略[J]. 唐史论丛, 2018, (1): 148-161.
2. 陈安利. 高贵的葬仪：唐代皇陵与皇亲国戚墓[M]. 成都：四川教育出版社, 1998.
3. 陈安利. 唐十八陵[M]. 北京：中国青年出版社, 2001.
4. 高峡. 中华国宝：陕西珍贵文物集成：碑刻书法卷[M]. 西安：陕西人民教育出版社, 1999.

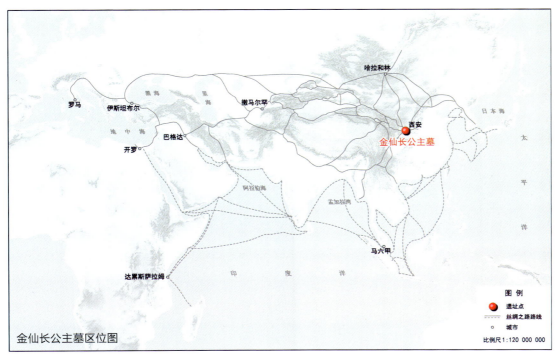

金仙长公主墓区位图

类型
古墓葬
地点
陕西省渭南市
遗存年代
公元736年（唐开元二十四年）
保护地位
无
地理区位
中原地区
政权—（墓主）民族
唐—汉族
丝路关联属性
作为唐睿宗之女金仙长公主的墓葬，其出土的彩绘陶俑反映了盛唐丝绸之路商贸往来的情景

图16-1　金仙长公主神道碑

图16-2　金仙长公主墓志拓片

李倕墓
Tomb of Li Chui

一、【事实性信息】

李倕墓（Tomb of Li Chui）是唐高祖李渊五代孙女李倕（公元711—736年）的墓葬，位于陕西省西安市西安理工大学曲江新校区内。2001年11月—2002年8月，为配合新校区基本建设时进行发掘。李倕字淑娴，公元736年（唐开元二十四年）因病猝于长安胜业坊，年仅25岁，同年葬于长安东南郊乐游原。

李倕墓为斜坡墓道土洞墓，由斜坡墓道、3个过洞、3个天井、甬道及墓室组成，墓道朝南，方向178°，葬具为木棺，仰身直肢葬，头向北。墓道、过洞、甬道及墓室壁面均有壁画，但保存情况差，内容无法辨认。该墓此前从未被盗掘，故形制完整、出土文物丰富，包括墓志、人骨、随葬器物等。随葬器物组合基本完整，主要有陶器、瓷器、金银器、铜器、玉器、漆木器，以及少量铁器、铅器等，其中墓主所戴冠饰、身体佩饰经德国专家精心修复，已可完整呈现，其工艺精湛、结构复杂、装饰奢繁，前所未见。

李倕墓冠饰复原高度39cm，由上下两部分组成，下半部以铜钗作骨，以象牙板和金丝珍珠花为轴，两侧对称连接孔雀尾羽状和鸟翅状花钿。上半部为球状髻罩，正面向前珍珠、绿松石的菱形花钿，两侧对称布满华丽之花钿饰件。冠饰用一支金钗、三支铜钗和两只铁钗固定在头上。李倕墓身体配饰分为裙腰和下身垂饰。裙腰采月珍珠串联成网，网眼之中饰四瓣花钿，下缘装饰一排珍珠串，并缀有9个铜铃。下身垂饰两组，均由17组造型各异的金筐宝钿饰件上下串联而成，下端缀饰至少6个铜铃，整体长度70cm，可由裙腰垂及足部。

二、【丝路关联和价值陈述】

李倕墓出土的冠饰，与之前所见唐代妇女头饰均不相同，推测其或许是唐人笔记小说所言异国所贡之"轻金冠"，而其服饰装饰风格也许亦是盛唐时期吸收域外形制而创造，均反映了盛唐时期中外服饰文化间的交融与创新。

参考文献：
1. 陕西省考古研究院. 唐李倕墓发掘简报[J]. 考古与文物. 2006，(6)：3-22.
2. 中国陕西省考古研究院，德国美因茨罗马-日耳曼中央博物馆. 唐李倕墓：考古发掘、保护修复研究报告[M]. 北京：科学出版社，2018.
3. 杨军昌，安娜格雷特·格里克、侯改玲. 西安市唐代李倕墓冠饰的室内清理与复原[J]. 考古，2013，(8)：36-45，2.
4. 张建林. 李倕墓出土遗物杂考[J]. 考古与文物，2015，(6)：65-72.
5. 李明. 砖墓志与金花冠——《唐李倕墓志》读后[J]. 文博，2015，(3)：64-67.

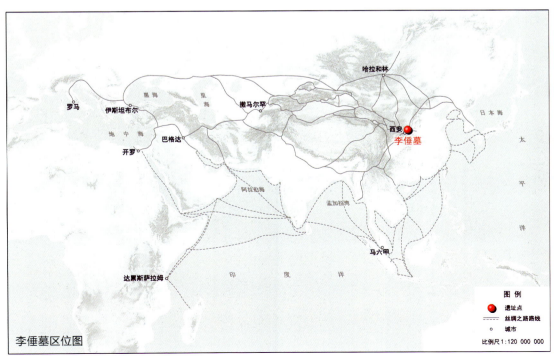

李倕墓区位图

类型
古墓葬
地点
陕西省西安市
遗存年代
公元736年（唐开元二十四年）
保护地位
无
地理区位
中原地区
政权—（墓主）民族
唐—汉族
丝路关联属性
作为唐皇室李倕之墓，出土的冠饰、配饰见证了唐代对异域服饰文化的吸收

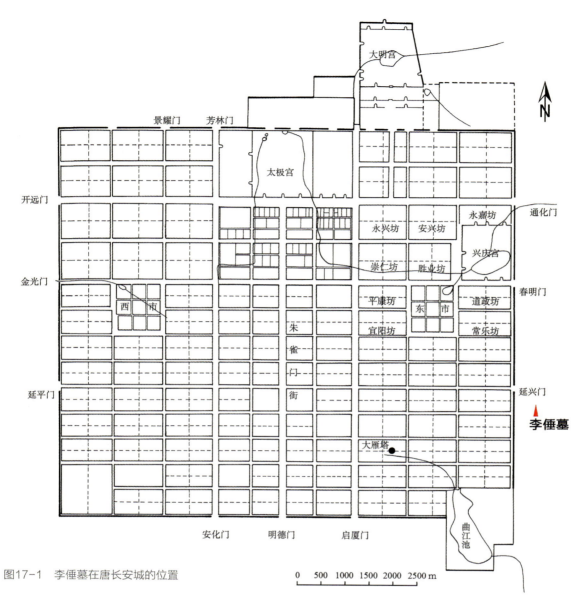

图17-1　李倕墓在唐长安城的位置

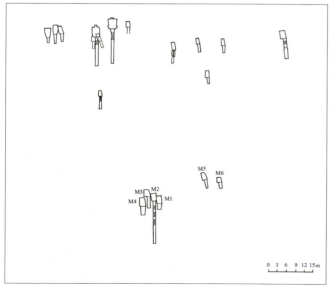

图17-2　李倕墓及其周边墓葬

图17-3　李倕墓墓室

中原地区墓葬　127

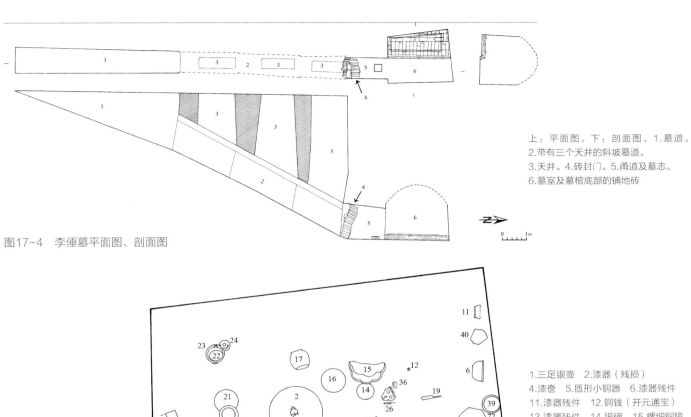

上：平面图。下：剖面图。1.墓道。
2.带有三个天井的斜坡墓道。
3.天井。4.砖封门。5.甬道及墓志。
6.墓室及墓棺底部的铺地砖

图17-4　李倕墓平面图、剖面图

1.三足银壶　2.漆器（残损）
4.漆奁　5.匜形小铜器　6.漆器残件
11.漆器残件　12.铜钱（开元通宝）
13.漆器残件　14.银碗　15.螺钿铜镜
16.铜盘　17.铜提梁罐　18.玉佩
19.漆器残件　20.铜熨斗　21.铜洗
22.铜碗　23.铜斧　24.铜提梁罐
25.银碗　26.银锁　27.银颌托　28.
银背铜镜　29.螺钿铜镜
30-31.塔式罐
32-35.铜钱（开元通宝）　36.金饰片
37.漆器残件　38-39.塔式罐底座
40.漆盒残件　41.铜钱（开元通宝）
42.漆盒残件　43.玉珠　44-50.玉佩
72.塔式罐顶盖

图17-5　李倕墓墓室最上层器物分布图

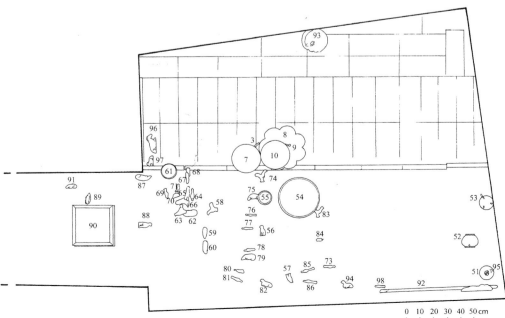

3.铁削　7.漆器残件　8.漆盘残件
9.铁剪　10.漆盒（残损）
51.塔式罐顶盖　52.白釉双系瓷罐
53.三足白釉瓷铛　54.铜盆　55.小陶盆
56-57.陶狗　58.陶鸡　59.陶猪
60.陶牛　61.陶灯盏　62.陶羊
63-64.陶鸡　65.陶羊　66.陶猪
67.陶羊　68-69.陶鸡　70-71.陶猪
73.小立俑　74.陶鸡　75.陶羊
76-73.小立俑　79.陶猪
80.小立俑（残损）　81.小立俑
82.陶羊　83.陶鸡　84.小立俑（残损）
85-86.小立俑　87-88.陶狗
89.陶猪　90.墓志　91.陶猪
92.长条形漆器　93.圆形漆盒盖
94.陶羊　95.微型铅器　96.陶马
97.陶羊　98.小立俑

图17-6　李倕墓墓室最下层器物分布图

图17-7　李倕墓出土冠饰复原正面

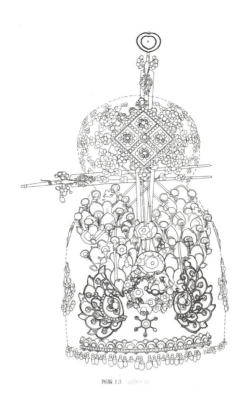

图17-8　李倕墓出土冠饰复原正面图

图17-9　李倕墓出土冠饰复原左侧面

图17-10　李倕墓出土冠饰复原左侧面图

中原地区墓葬 129

图17-11 李倕墓出土冠饰复原右侧面　　图17-12 李倕冠饰牙雕花朵和金丝花环

图17-13 李倕冠饰带有心形金饰及凤凰造型　　图17-14 李倕冠饰孔雀屏尾形金框
饰件的头钗

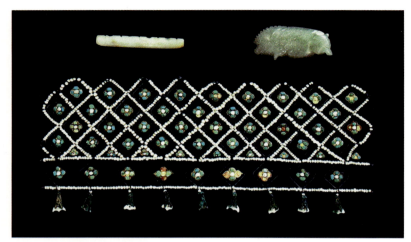

图17-15　李倕墓出土裙腰配饰

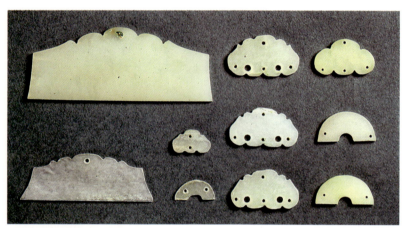

图17-17　李倕墓出土玉配饰

图17-16　李倕墓出土下身配饰复原

图17-18　李倕墓出土八曲形螺钿铜镜　　图17-19　李倕墓出土六曲形螺钿铜镜

图17-20　李倕墓出土三足银壶

韩休墓
Tomb of Han Xiu

一、【事实性信息】

韩休墓（Tomb of Han Xiu）是唐玄宗朝宰相韩休（公元672—740年）及其夫人合葬墓，位于陕西省西安市长安区大兆街办郭庄村。该墓为长斜坡道多天井单室砖室墓，平面形制为"刀把"形，坐北朝南，方向175°。南北水平通长41.4m，墓室底距地表深10.4m，墓葬开口距地表深0.40~0.45m，由墓道、过洞、天井、壁龛、封门、石门、甬道、墓室、棺床等部分组成，虽然遭到严重盗扰，但墓葬形制基本完整。

墓葬出土随葬器物186件（组），包括墓志、石门、陶俑、陶兽、陶器、瓷器、铁器等。墓内最具价值的应属墓道至墓室壁面的彩绘壁画，其中以甬道和墓室壁画保存最好，题材丰富，一经发现便引起学界重视。墓道北壁可见所绘楼阙。通道绘男女侍者。墓室北壁西部绘玄武，北壁东部绘山水图，东壁绘乐舞，西壁棺床以上绘高仕屏风，南壁门洞以西绘朱雀，顶部绘天象。

最值得注意的是山水图和乐舞图。山水图为赭红色边框，横长方构图，表现了画家熟练运用以太阳为焦点的透视画法，两侧山石层层向后延伸，溪水流淌于山谷之间，表现出与敦煌观无量寿佛经变"日想观"的共性图式。乐舞图高2.33m，宽3.96m，描绘的是唐代上层社会盛行的家乐场景，呈现了唐代同类壁画中最为华美绚丽的一种图式。画面中央绘有男女舞伎各一人。画面左侧方毯上有四名女乐伎，最左端有女子歌者一人，毯下方绘持男性竹竿者。画面右侧方毯上有五名男乐伎，毯左右各有两名歌者。以上总计男女乐舞伎14人，其中女子皆为汉人，除持竹竿者似为汉人外，其余男子皆为胡人。

二、【丝路关联和价值陈述】

韩休墓山水图与"日想观"图式共用现象，显示出唐代山水画与佛教绘画之间相互影响的复杂互动关系。而乐舞图中的胡汉艺术图像，表明擅长西域音乐的胡人在唐代乐舞中所扮演的重要角色。以外来音乐为基础的唐代乐舞，离不开胡人乐工的参与，其对盛唐音乐、舞蹈乃至文学的繁荣发展起到了极为重要的作用，不仅促进了域外"胡风"的深入，而且展现了唐代文化的多样性以及民族文化之间的有力交融。

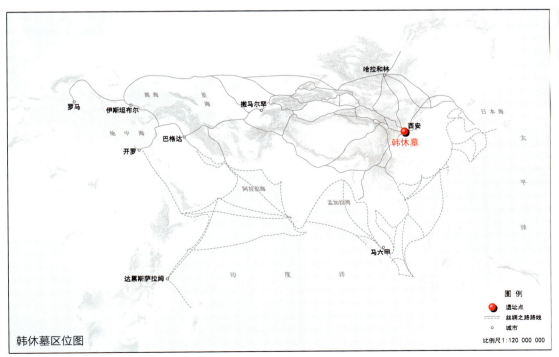

韩休墓区位图

类型
古墓葬
地点
陕西省西安市
遗存年代
公元740年（唐开元二十八年）
保护地位
无
地理区位
中原地区
政权—（墓主）民族
唐—汉族
丝路关联属性
作为唐玄宗朝宰相韩休之墓，其壁画反映了随丝绸之路而来的胡人乐伎对唐代乐舞文化的深入影响，展现了中西民族文化的交融

参考文献：

1. 陕西省考古研究院陕西历史博物馆西安市长安区旅游民族宗教文物局. 西安郭庄唐代韩休墓发掘简报[J]. 文物, 2019, (1): 4-43, 2, 97, 1.
2. 程旭. 唐韵胡风——唐墓壁画中的外来文化因素及其反映的民族关系[M]. 北京: 文物出版社, 2016.
3. 郑岩. 唐韩休墓壁画山水图刍议[J]. 故宫博物院院刊, 2015, (5): 87-109, 159.
4. 郑岩. 论唐韩休墓壁画乐舞图的语言与意象[C]//巫鸿, 郑岩. 古代墓葬美术研究 第4辑. 长沙: 湖南美术出版社, 2017: 218-228.
5. 葛承雍. 壁画塑俑共现的唐代家乐中胡人[J]. 美术研究, 2014, (1): 17-24.
6. 葛承雍. "初晓日出": 唐代山水画的焦点记忆——韩休墓出土山水壁画与日本传世琵琶山水画互证[J]. 美术研究, 2015, (6): 22-28, 38-39.
7. 程旭. 胡汉相融惠大唐——唐墓壁画中的胡人[J]. 荣宝斋, 2017, (8): 142-159.
8. 梁勉. 试析唐韩休墓乐舞图[J]. 文物天地, 2016, (6): 32-34.
9. 周伟洲. 唐韩休墓"乐舞图"探析[J]. 考古与文物, 2015, (6): 73-79.
10. 武小菁. 唐韩休墓乐舞壁画的文化诠释[J]. 交响-西安音乐学院学报（季刊）, 2016, (12): 32-37.
11. 吴洁. 从史料、壁画来看丝绸之路上胡旋舞、胡腾舞、拓枝舞的发展与流变[J]. 交响-西安音乐学院学报（季刊）, 2017, (2): 46-52.

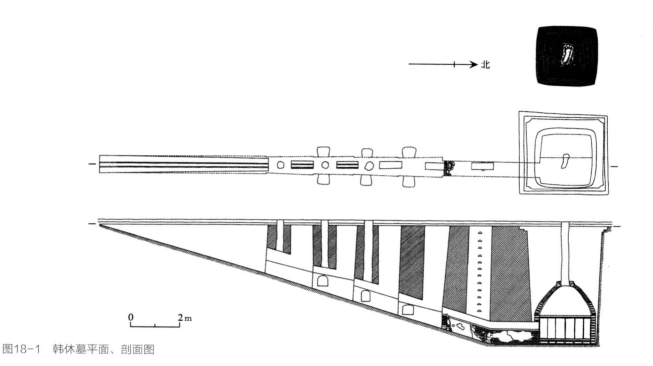

图18-1 韩休墓平面、剖面图

图18-2 韩休墓三维激光扫描数据模型

图18-3 韩休墓石门石刻线描图

图18-4 韩休墓墓室

图18-5 韩休墓墓室北壁山水图

图18-6 韩休墓西二龛出土器物

图18-7 韩休墓甬道

图18-8　韩休墓墓室西壁高仕图

图18-9　韩休墓墓室东壁乐舞图

河西走廊及两侧地带墓葬

雷台汉墓
Leitai Tomb of the Han Dynasty

一、【事实性信息】

雷台汉墓（Tomb of Han Dynasty in Leitai）发现于1969年，为一座东汉晚期的大型多室砖券墓[1]，位于甘肃省武威市凉州区金羊乡新鲜村内一座长106m、宽60m、高8.5m的明代长方形夯土台下，因台上坐落雷台观，后殿供奉雷祖神像，故曰"雷台"。

该墓为带有封土和墓道的多室砖券墓，墓正东向。封土压于雷台夯土之中，残高6m，基部方形，长宽各约20m。地下部分包括墓道、墓门、甬道、前室及两侧耳室，中室及南耳室，以及后室。墓道出口至墓后室西壁全长40余米，墓室部分总长19.2m。墓道两侧有树状彩绘，墓门至后室均为砖结构。墓门为仿木结构砖砌并有彩绘。前、中、后室皆为覆斗顶，藻井方砖，绘大型莲花图案，四壁绘几何图案。

墓中出土随葬品231件，其中铜器171件，金器2件，漆器3件，陶器25件，银印4枚，以及铁、骨、石、玉、琥珀等质地的器物。此外，墓中还出土铜钱2万多枚。随葬品以铜器最为丰富和精美，其中以一件通称为"马踏飞燕"的铜奔马举世闻名，马作昂首嘶鸣，三足腾空飞跃奔驰状，仅右后足踏以一飞燕，飞燕展翅回首，整体造型优美生动，又富力学合理性，体现了极高的创造力和工艺技术水平。此外，大量成组出现的彩绘铜车马仪仗俑群亦为罕见，人、马匹体态生动，铜车精细如真，对研究当时的车马形制、礼仪制度等具有重要价值。

二、【丝路关联和价值陈述】

雷台汉墓是迄今为止河西地区发现规模最大的东汉墓葬，墓主为一张姓将军及其夫人，或官至武威郡左骑千人官兼张掖长，并兼任过河西四郡之首的武威郡郡首。墓中出土的铜奔马以良马标准为原型塑造，集西域马、蒙古马等马种的优点于一身，特别是表现出了河西走马禀赋的对侧步等特征。墓中还出土有金镶，为古代西北少数民族耳饰。联系墓主生平及墓中随葬品，墓主作为镇守丝绸之路河西重镇的将领，其墓及以铜车马仪仗为代表的出土文物见证了中原王朝于军事控制帝国西陲、保障丝路的历史。

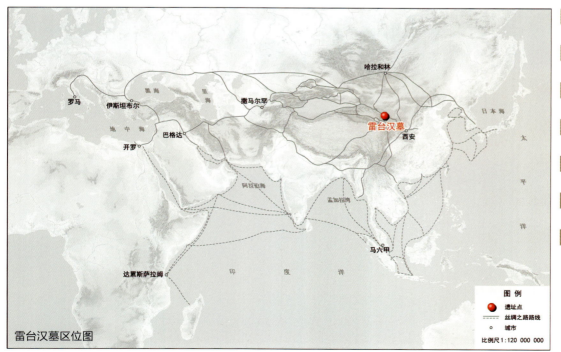

雷台汉墓区位图

类型
古墓葬
地点
甘肃省武威市
遗存年代
东汉晚期
保护地位
第五批全国重点文物保护单位
地理区位
河西走廊
政权—（墓主）民族
东汉—汉族
丝路关联属性
雷台汉墓作为河西重镇将领的墓葬，见证了中原王朝于军事控制帝国西陲、保障丝路的历史

1 关于该墓的年代亦有西晋、前凉说。见辛敏：《武威雷台墓主人再探》，《兰州学刊》，1985年第6期。何双全：《武威雷台汉墓年代商榷》，《中国文物报》，1992年8月9日。吴荣曾：《"五朱"和汉晋墓葬断代》，《中国历史文物》，2002年第6期。孙机：《关于甘肃武威雷台出土铜奔马的年代》，《南方文物》，2010年第3期。鲁鱼：《雷台汉墓实为前凉王陵》，《中国社会科学报》，2019年10月。本文以国家文物局就该文物保护单位的公布时代为准，采东汉晚期说。

参考文献：

1. 甘博文. 甘肃武威雷台东汉墓清理简报[J]. 文物，1972，(2)：16–25.
2. 甘肃省博物馆. 武威雷台汉墓[J]. 考古学报，1974，(2)：87–141.
3. 辛敏. 武威雷台墓主人再探[J]. 兰州学刊，1985，(6)：73–75.
4. 何双全. 武威雷台汉墓年代商榷[N]. 中国文物报，1992-8-9(3).
5. 吴荣曾. "五朱"和汉晋墓葬断代[J]. 中国历史文物，2002，(6)：46–49.
6. 孙机. 关于甘肃武威雷台出土铜奔马的年代[J]. 南方文物，2010，(3)：65–66.
7. 鲁鱼. 雷台汉墓实为前凉王陵[N]. 中国社会科学报，2019-10-29(4).
8. 王科社. 武威雷台M1出土银印识读及墓主身份探索[J]. 文博，2020，(2)：68，79–86.
9. 中国青铜器全集编辑委员会. 中国青铜器全集 第12卷秦汉[M]. 北京：文物出版社，1998.
10. 甘肃省博物馆. 甘肃省博物馆文物精品图集[M]. 西安：三秦出版社，2006.

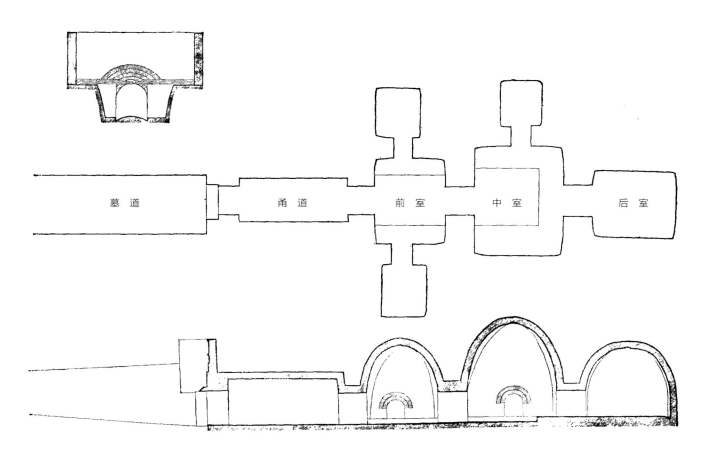

图19-1　雷台汉墓平面、剖面及墓门正视图

图19-2 雷台汉墓出土铜奔马

图19-3 雷台汉墓出土铜奔马飞燕局部

图19-4 雷台汉墓出土铜车马组仪仗队

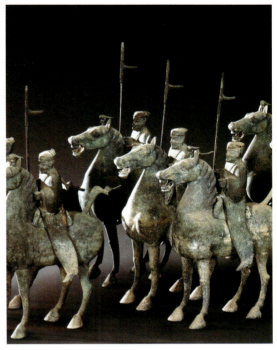
图19-5 铜车马组仪仗队（局部）

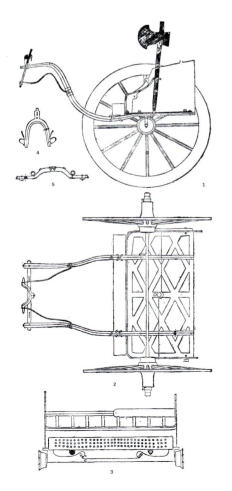
图19-8 铜斧车结构图
（1.纵剖面 2.底视图 3.车厢正视图 4.轭 5.衡）

图19-6 雷台汉墓出土御奴驾马铜辂车

图19-7 雷台汉墓出土铜斧车

图19-9 雷台汉墓出土铜辇车

图19-10　雷台汉墓出土执戟铜骑士

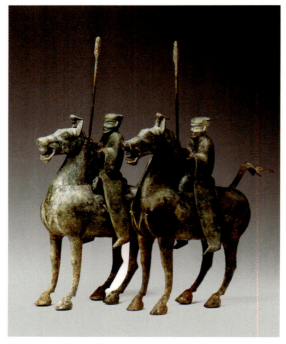

图19-11　雷台汉墓出土执矛铜骑士

图19-12　雷台汉墓出土铜骑吏

图19-13　雷台汉墓出土铜主骑

图19-14 雷台汉墓出土铜从骑

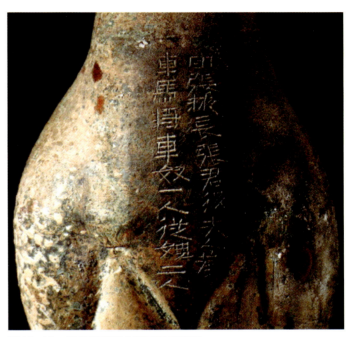

图19-15 雷台汉墓出土铜马马身铭文

图19-16 雷台汉墓出土十三盏铜连枝灯

图19-17 雷台汉墓出土绿釉陶楼

图19-18 雷台汉墓出土鎏金错银铜扣漆尊

图19-19 雷台汉墓出土鎏金错银铜尊

图19-21 雷台汉墓出土金鐎

图19-20 铜尊身展图（上）及俯视图（下）

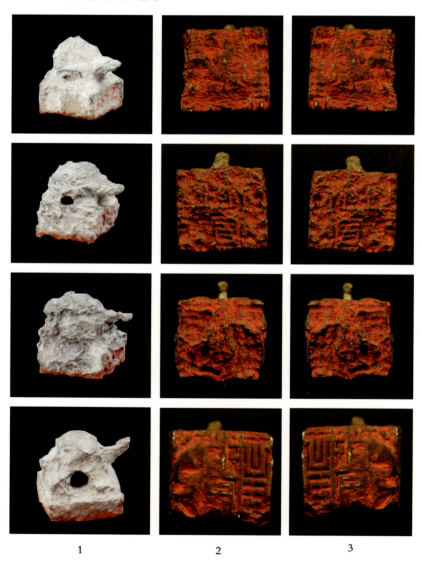

图19-22 雷台汉墓出土四枚银印章
（1.外形 2.印面 3.镜像）

锁阳城墓群
Tombs of Suoyang City

一、【事实性信息】

锁阳城墓群（Tombs of Suoyang City）是丝绸之路连接中原和西域地区交通枢纽锁阳城的大型公共墓地，位于甘肃省酒泉市桥子乡南坝村锁阳城遗址南部，分布范围南北宽5km，东西长16km。地表现可辨认墓葬两千余座，除少数封土被风蚀殆尽，大部分墓葬保存较为完好，大致可分为三个区域，西墓葬群位于锁阳城遗址西南方，南墓葬群位于城址南方，东墓葬群位于城址东南方。锁阳城墓群与锁阳城有紧密的关系，为汉唐间锁阳城的城外墓地，其墓群规模大，形制复杂，从地表遗迹和部分已发掘的墓葬判断，以唐时期墓葬为主。

锁阳城墓群至今尚未进行过大规模考古发掘，仅于1986年、1995年分别抢救性清理发掘了3座唐墓。其中1995年清理的1号砖室墓属中唐时期墓葬，墓室为砖石墓，穹隆顶，墓室内有棺床一具，男性骨架一具。随葬品丰富多彩，包括三彩釉人俑、三彩马、骆驼镇墓兽、木雕人俑、马、雕花饰件，以及玫瑰红丝织衣物残片等，其中尤以三彩马最为精美。再结合墓葬形制，以及墓室铺设卷草莲花纹砖、绳纹砖，棺板裱糊宣纸绘精美图案，墓室顶悬精致黑纱挽幛等豪华装饰判断，墓主人生前或许为瓜州行政长官或富豪，社会地位较高，家境殷实。

通过已发掘的墓葬情况来看，锁阳城墓群内不乏等级规格高的墓葬，具有极高的历史考古价值。

二、【丝路关联和价值陈述】

锁阳城墓群与锁阳城有密不可分的关系，连同周边古代农业灌溉渠系、寺院，以及自然环境，共同构建起了一座丝绸之路沿线上的典型保障性治所。锁阳城墓群中出土的丝绸、骆驼、胡人俑、钱币等文物，与丝绸之路沿线的商贸活动密切关联，是汉唐时期社会稳定、经济发达，丝绸之路繁荣昌盛的实物见证。

参考文献：
1. 李春元. 唐瓜州与其墓葬群[J]. 敦煌研究, 1999, (4): 95-97.
2. 李宏伟, 谢延明. 锁阳城遗址形制及相关遗存初探[J]. 丝绸之路, 2011, (18): 20-24.
3. 李宏伟. 锁阳城遗址近百年重大考古发现综述[J]. 丝绸之路, 2015, (14): 25-28.
4. 国家文物局. 全国重点文物保护单位第6卷第6批[M]. 北京: 文物出版社, 2008.
5. UNESCO. Silk Roads: the Routes Network of Chang'an-Tianshan Corridor[M/OL]. http://whc.unesco.org/en/list/1442, 2014-07-25/2020-08-01.
6. 遗产地管理机构提供资料, 2009.

锁阳城墓群区位图

类型
古墓葬
地点
甘肃省酒泉市
遗存年代
汉至唐
保护地位
世界遗产、第六批全国重点文物保护单位
地理区位
河西走廊
政权—（墓主）民族
汉至唐—汉族等
丝路关联属性
作为河西走廊交通枢纽锁阳城的公共墓地，锁阳城墓群中出土的丝绸、骆驼、人物俑、钱币等文物，与丝绸之路沿线的商贸活动密切关联

144　丝路遗迹·墓葬篇

图20-1　锁阳城墓群（局部）

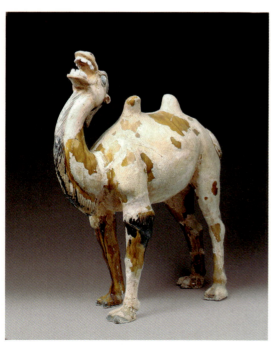

图20-2　锁阳城墓群出土三彩骆驼（唐）

图20-3　锁阳城墓群出土三彩马（唐）

图20-4 锁阳城墓群出土三彩胡人俑（唐）

图20-5 锁阳城墓群出土三彩侍女俑（唐）

图20-6 锁阳城墓群出土胡俑头（唐）

图20-7 锁阳城墓群出土残木马（唐）

图20-8 锁阳城墓群出土"开元通宝"钱币（唐）

图20-9 锁阳城墓群出土卷草莲花纹方砖（唐）

骆驼城墓群
Tombs of Luotuo City

一、【事实性信息】

骆驼城墓群（Tombs of Luotuo City）是汉唐间河西走廊重要驿站和军事重地骆驼城的大型公共墓地，位于甘肃省张掖市高台县西骆驼城乡。骆驼城墓群以城址为中心，分布在城南、西、北三面的砾石戈壁滩中，可分为夯土台式墓区、骆驼城南墓区、五座窑墓区、皇家古代墓区，共计墓葬3 000余座。

夯土台式墓区位于城址西南1.5km西滩村附近9km²的范围内，现存34座，均有高达的方形夯筑封土台，其中16座封土较完整，土底边周长约40m，高5～6.5m，另有18座封土有程度不同的坍塌，残高2～4m不等。骆驼城南墓区位于城址南1.5km的戈壁滩上，分布范围东西长约6km，南北长约9km，可见封土的墓葬2000余座，现存封土多为圆丘状，也有少量覆斗形封土，高度在1.5～4m不等，部分墓葬周围有茔圈、门阙遗迹。五座窑墓区位于城址东北部，分布面积达20km²，有墓葬1 000余座。黄家古代墓区位于城址北面。

骆驼城墓群目前经考古发掘的有汉、魏晋、十六国时期墓葬近70座，集中在夯土台式墓区和骆驼城南墓区，有斜坡墓道土洞墓、斜坡墓道砖室墓等形制，其中以魏晋时期的几座多室砖室墓最为重要。清理出彩绘墓室壁画、画像砖、纪年简牍（衣物疏）、棺板画、木车马、铜镜、木器、陶器、丝织品、漆器、铜器、玉器及钱币等文物。

二、【丝路关联和价值陈述】

骆驼城是保障丝绸之路畅通的重要驿站与军事据点，也是多元文化的融会地。骆驼城墓群作为其墓地，见证了汉唐间此地居民的生产、生活与丝路畅通下的社会繁荣发展。骆驼城墓群魏晋墓葬壁画、画像砖，涉及农耕、畜牧、蚕桑、狩猎、军事、屯垦、坞堡、车舆等内容，全面地再现了当时社会经济发展的各个层面。其绘画底本的流传又体现出河西走廊一带的文化交流。出土的车马、胡俑、织物等也是丝绸之路商贸活动的真实见证。

骆驼城墓群区位图

类型
古墓葬
地点
甘肃省张掖市
遗存年代
汉至唐
保护地位
第五批全国重点文物保护单位
地理区位
河西走廊
政权—（墓主）民族
汉至唐—汉族及其他少数民族等
丝路关联属性
作为河西走廊重地骆驼城的大型公共墓地，骆驼城墓群及其墓室绘画、出土文物反映了此地居民依托丝绸之路畅通下的生产、生活、商贸等社会经济活动

参考文献:

1. 甘肃省文物考古研究所，高台县博物馆. 甘肃高台县骆驼城墓葬的发掘[J]. 考古，2003，(6)：44-51.
2. 敦煌研究院考古研究所，高台县博物馆. 甘肃高台县骆驼城南墓葬2003年发掘简报[J]. 敦煌研究，2006，(3)：6-16，115，117-118.
3. 张掖地区文物管理办公室，高台县博物馆. 甘肃高台骆驼城画像砖墓调查[J]. 文物，1997，(12)：44-51，99，2.
4. 《全国重点文物保护单位》编辑委员会. 全国重点文物保护单位 第3卷第一批至第五批[M]. 北京：文物出版社，2004.
5. 中国墓室壁画全集编辑委员会. 中国墓室壁画全集1·汉魏晋南北朝[M]. 石家庄：河北教育出版社，2011.
6. 国家文物局. 1998中国重要考古发现[M]. 北京：文物出版社，2000.
7. 遗产地管理机构提供资料，2009.

图21-1　骆驼城墓群夯土台式墓

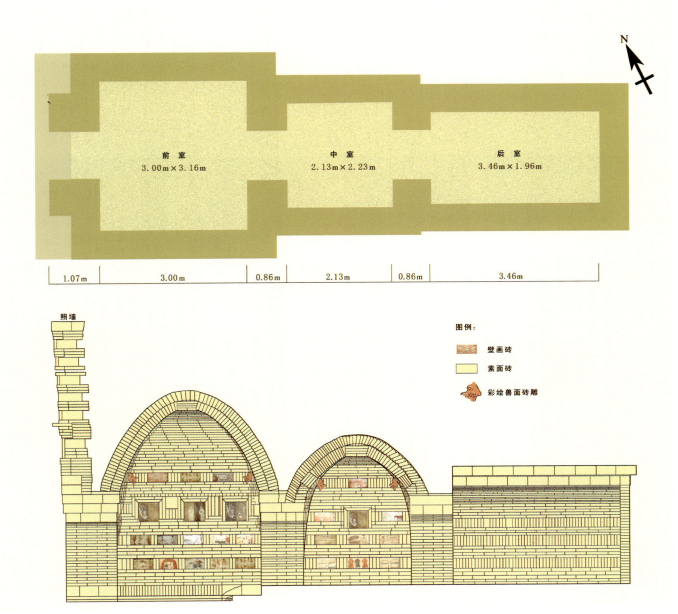

图21-2　骆驼城墓群苦水口1号墓平面、剖面图

图21-3 骆驼城墓群出土彩绘木坞堡（魏晋）　　图21-4 骆驼城墓群出土彩绘木辎车（魏晋）　　图21-5 骆驼城墓群出土彩绘木马（东汉）

图21-6 骆驼城墓群出土彩绘木牛（东汉）　　图21-7 骆驼城墓群出土彩绘胡人牵马木俑（魏晋）　　图21-8 骆驼城墓群出土彩绘木斗帐（魏晋）　　图21-13 骆驼城墓群出土彩绘车马出行木版画（西晋）

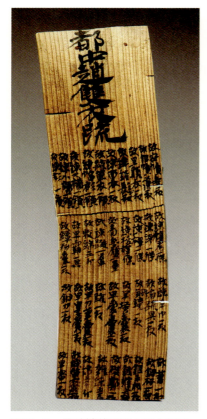  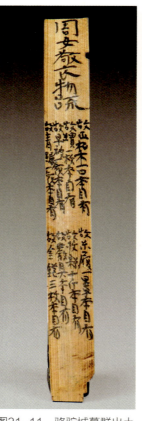 

图21-9 骆驼城墓群出土都中赵双衣物疏（魏晋）　　图21-10 骆驼城墓群出土周南衣物疏（魏晋）　　图21-11 骆驼城墓群出土周女敬衣物疏（魏晋）　　图21-12 骆驼城墓群出土周振墓志牍（前凉）

牧马骆驼图

耱地图

耕地图之一

耕地图之二

牵马猎犬图

切肉图

进食图

剪布图

图21-14　骆驼城墓群出土彩绘画像砖（魏晋）

伏羲女娲图

羽人神兽图

五马射猎图

帐居图

图21-15　骆驼城墓群出土墓室壁画（魏晋）

图21-16　骆驼城墓群出土彩帛旌铭（西晋）

图21-17　骆驼城墓群出土"长相好"织锦（魏晋）

图21-18　骆驼城墓群出土云纹织锦（魏晋）

图21-19　骆驼城墓群出土魏晋铜弩机（魏晋）

图21-20　骆驼城墓群出土铜镜（魏晋）

图21-21　骆驼城墓群出土彩绘陶壶（魏晋）

图21-22　骆驼城墓群出土针囊（魏晋）

图21-23　骆驼城墓群出土草编敛盒（魏晋）

果园—新城墓群
Tombs in Guoyuan and Xincheng

一、【事实性信息】

果园—新城墓群（Guoyuan – Xincheng Tombs）是魏晋至唐代河西走廊重镇酒泉地区规模巨大的墓葬群，位于甘肃省酒泉市肃州区果园乡与嘉峪关市新城镇交界地带，分布于祁连山北侧、北山西南侧的洪积扇戈壁滩上，酒泉市境内部分称为果园墓群，嘉峪关市境内部分称为新城墓群。

果园—新城墓群分布范围南北长约13km，东西宽约5km，面积约60km²，分布魏晋至唐代墓葬约3 100余座，其年代可划分为三国魏至西晋、十六国至北朝，以及隋唐三个阶段。

果园—新城墓群魏晋墓葬布局表现出较为明显的聚族而葬的特征，墓葬区的地表残留有砾石堆成的围墙，具有鲜明的地域特色，形成"坟院式茔域"。围墙（即茔域）内，设有祭台等地面建筑，墓位按等级、礼仪秩序排列，墓葬封土呈方锥形或圆形，高度一般不超过2m。围墙开口处有以砾石标示边界的通道，类似中原墓葬的神道，其外还有"墓阙"。

从已发掘的墓葬看，绝大多数为砖室墓，墓室有二室或三室，也有部分小型的单室墓葬，其形制与结构亦十分清晰，由斜坡墓道、墓门、墓室和耳室等构成，墓室间以拱顶的甬道或通道相连接。魏晋、十六国墓葬的墓门上方砌筑雕砖的门楼，砖雕造型有侧兽、力士、雷公、鸡首人身或牛首人身像。墓室以雕砖砌成屋檐和椽形，墓壁龛旁墨书"各门""臧内""灶内""牛马圈"等字样，这些可能是对世家豪族庄园宅第的模仿。另外，还有一些壁画墓，大多一砖一画，以墨线勾勒然后施彩，内容有农桑、畜牧、林园、酿造、狩猎、屯兵、营垒、出行、宴乐、庖厨、驿传、六博、坞壁和建筑装饰图案等，应是当时社会生活的写照。唐墓用模印砖砌成，室壁嵌十二生肖、伎乐、骑士雕砖，地面铺莲花纹方砖。墓中壁画和模印砖画反映了魏晋至唐代当地社会生活状况、精神信仰等历史文化信息，极具地域代表性。出土文物包括铜器、铁器、木器、漆器、玉器、陶器、丝绸、棺板画等陪葬器物和装饰墓葬的壁画、画像砖、模印砖、砖雕等。

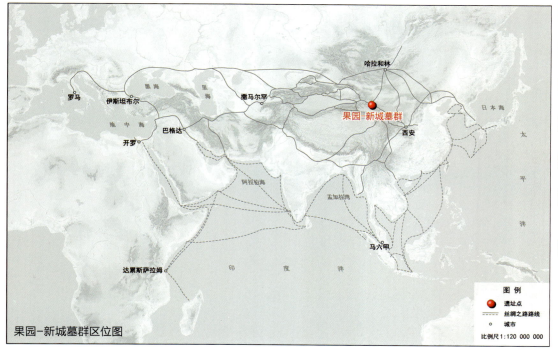

果园-新城墓群区位图

类型
古墓葬
地点
甘肃省酒泉市、嘉峪关市
遗存年代
魏晋至唐（公元3—10世纪）
保护地位
第五批全国重点文物保护单位
地理区位
河西走廊
政权—（墓主）民族
魏晋至唐—汉族及其他少数民族等
丝路关联属性
作为魏晋至唐代河西走廊重镇酒泉地区规模巨大的墓葬群，果园—新城墓群及其丰富的出土文物反映了丝绸之路河西段酒泉地区自魏晋至唐代间的民族融合、文化交流、商业贸易、生产生活等社会面貌。

墓群中另有大型墓葬一座，外表为山形大土堆，墓室距地面达 20m 深，墓道宽 4.3m，墓道左右两侧各有五个小龛，墓室全长 21.60m，是酒泉境内至今为止发掘清理出的最大一座魏晋十六国时期的古墓葬，推测为西凉王（西凉开国国主李暠）陵。

二、【丝路关联和价值陈述】

果园—新城墓群地处自汉代丝绸之路开通以来河西道西端、河西四郡之一的酒泉郡腹地，该地既是古代军事重镇，又是丝路要冲。果园—新城墓群及连同其丰富的墓室壁画、画像砖，以及丝绸、铜器、木器等重要出土文物，生动地展现了酒泉地区自魏晋以来至唐代社会的各个方面，不仅反映了因丝绸之路而繁荣和富庶的社会面貌，还反映了这段时期丝绸之路河西道上多民族融合和聚居、文化交流、商业贸易的历史。

参考文献：
1. 嘉峪关市文物清理小组. 嘉峪关汉画像砖墓[J]. 文物，1972，(12)：24-42.
2. 甘肃省博物馆. 酒泉、嘉峪关晋墓的发掘[J]. 文物，1979，(6)：1-17, 97-99.
3. 嘉峪关市文物管理所. 嘉峪关新城十二、十三号画像砖墓发掘简报[J]. 文物，1982，(8)：7-15.
4. 武威市博物馆. 甘肃武威十六国墓葬清理记[J]. 文物，1993，(11)：29-35.
5. 甘肃省文物考古研究所. 甘肃酒泉西沟村魏晋墓发掘报告[J]. 文物，1996，(7)：4-38, 97-99, 1.
6. 巨金虎，景吉元，吕占光. 嘉峪关市新城村魏晋墓清理简报[J]. 陇右文博，2001，(1)：20, 19.
7. 嘉峪关长城博物馆. 嘉峪关新城魏晋砖墓发掘报告[J]. 陇右文博，2003，(1)：13-27.
8. 孙彦. 河西魏晋十六国壁画墓研究[M]. 北京：文物出版社，2011.
9. 郭永利. 河西魏晋十六国壁画墓[M]. 北京：民族出版社，2012.
10. 甘肃省文物队，甘肃省博物馆，嘉峪关市文物管理所. 嘉峪关壁画墓发掘报告[M]. 北京：文物出版社，1985.
11. 甘肃省文物考古研究所. 酒泉十六国墓壁画[M]. 北京：文物出版社，1989.
12. 张宝玺. 嘉峪关酒泉魏晋十六国墓壁画[M]. 兰州：甘肃人民美术出版社，2001.
13. 中国墓室壁画全集编辑委员会. 中国墓室壁画全集1·汉魏晋南北朝[M]. 石家庄：河北教育出版社，2011.
14. 中国美术全集编辑委员会. 中国美术全集 绘画编12 墓室壁画[M]. 北京：文物出版社，1989.
15. 建筑历史研究所. 果园—新城墓群保护总体规划[R]. 北京：中国建筑设计研究院，2015.
16. 遗产地保护管理机构提供资料，2009.

图22-1 果园—新城墓群分布卫星影像图

图22-2 果园墓群

图22-3 新城墓群

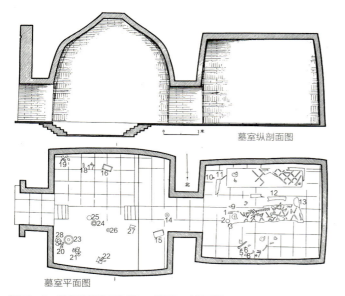

1.铜削 2.铁镜 3.铁棺钉 4.铜钱 5.铜饰残件 6.陶片 7.铁圈 8.铜饰残件 9.铜饰残件 10.金叶片 11.铜簪 12.棺板残片 13.白灰脚垫 14.陶壶 15.漆盒 16.石砚和漆砚盒 17.马俑蹄 18.铜镰 19.甑碎片 20.陶盒碎片 21.陶罐碎片 22.淘井碎片 23.陶盆 24.陶罐 25.铁镜 26.陶壶 27.漆盒残片 28.陶罐碎片

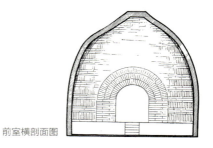

图22-4 果园墓群丁家闸M5平面、剖面图

图22-5 果园墓群丁家闸M5墓室壁画位置示意图一

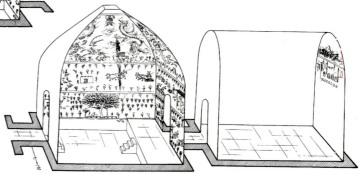

图22-6 果园墓群丁家闸M5墓室壁画位置示意图二

图22-7 果园墓群丁家闸M5前室藻井壁画

图22-8　果园墓群丁家闸M5前室东顶东王公壁画

图22-9　果园墓群丁家闸M5前室南顶白鹿与羽人壁画

图22-10　果园墓群丁家闸M5前室西顶西王母壁画

图22-11　果园墓群丁家闸M5前室北顶天马壁壁画

图22-12 果园墓群丁家闸M5前室东壁壁画

图22-13 果园墓群丁家闸M5前室南壁壁画

图22-14 果园墓群丁家闸M5前室西壁壁画

图22-15 果园墓群丁家闸M5前室西壁（局部）乐伎与百戏壁画

图22-16 果园墓群丁家闸M5前室北壁壁画

图22-17 果园墓群丁家闸M5前室北壁（局部）农耕壁画

图22-18 果园墓群丁家闸M5后室西壁壁画（部分）

图22-19 果园墓群丁家闸M5墓室地面模印方砖

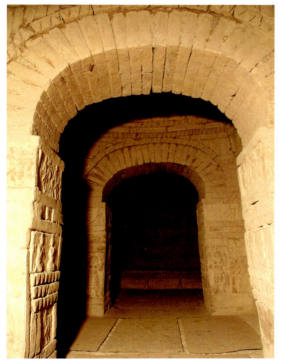
图22-20 果园墓群西沟M1前室

图22-21 果园墓群西沟M1后室

图22-22 果园墓群西沟M5墓室

图22-23 果园墓群西凉王陵墓道

图22-24　果园墓群佘家坝M1出土铜刀

图22-25　果园墓群丁家闸M8出土铜削刀

图22-26　果园墓群西沟M4出土铜鼎

图22-27　果园墓群西沟M4出土铜甑

图22-28　果园墓群丁家闸M8出土铜镜

图22-29　果园墓群丁家闸M6出土双蝉纹扣饰

图22-30　果园墓群丁家闸M6出土陇西狄道李超夫人尹氏墓表

图22-31　新城墓群M1门楼

图22-32　新城墓群M6门楼（局部）

图22-33 新城墓群M5前室南壁

图22-34 新城墓群M1前室东壁墓主宴饮画像砖

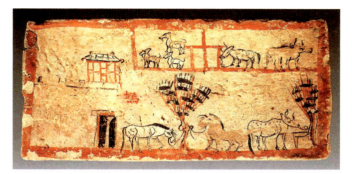

图22-35 新城墓群M1前室东壁坞画像砖

图22-36 新城墓群M3前室东壁出行图壁画及庄园生活画像砖

图22-37 新城墓群M3前室北壁出行图壁画

图22-38 新城墓群M3前室南壁屯垦图壁画

图22-39 新城墓群M3前室南壁屯营图壁画

图22-40　新城墓群M5前室东壁农桑畜牧画像砖

图22-41　新城墓群M5前室东壁放牧画像砖

图22-42　新城墓群M5前室东壁犁地画像砖

图22-43　新城墓群M6前室北壁牵驼画像砖

图22-44　新城墓群M6前室东壁采桑画像砖

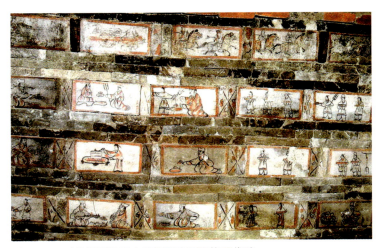
图22-45 新城墓群M6中室西壁庖厨宴饮画像砖

图22-46 新城墓群M6后室后壁器物画像砖

图22-47 新城墓群M7前室东壁庄园生活画像砖

图22-48 新城墓群M7前室东壁猎鹿画像砖

图22-49 新城墓群M13前室东壁牧马画像砖

图22-50 新城墓群M13前室西壁牛耕画像砖

图22-51 新城墓群M2出土丝绸

图22-52 新城墓群M7出土王霑印信

图22-53 新城墓群M4出土碳晶猪

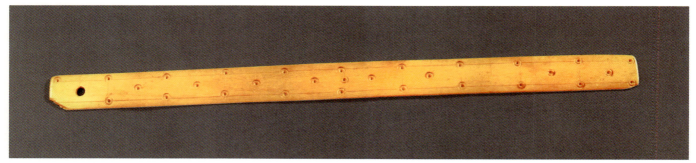

图22-54 新城墓群M2出土骨尺

图22-55 新城墓群M8出土木俑

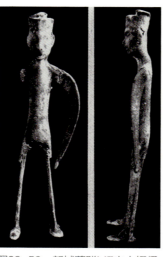

图22-56 新城墓群M7出土铜俑

图22-57 新城墓群出土独角兽

青藏高原地区墓葬

热水墓群
Tombs in Reshui

一、【事实性信息】

热水墓群（Reshui Tombs）是青海省规模最大的一处南北朝至隋唐时期的大型吐谷浑、吐蕃墓葬群，位于青海省海西蒙古族藏族自治州都兰县热水乡血渭草场。目前确认有封土墓葬 299 座。热水墓群分布于从热水至那日马拉黑山的察汗乌苏河南北两岸，墓葬倚山面河，大部分墓葬位于河道两岸较为平坦的山梁与河谷结合过渡地带，也有分布于山顶、山腰或两山之间平地之上者。墓葬分布形式相对集中，或若干墓葬集中在一起，或计作小型墓围绕大墓布局，抑或沿河沟成排分布。根据墓群分布位置及密集程度可分为察汗乌苏河北岸、南岸两个相对区域。北岸区确认各类墓葬 161 座及若干相关建筑遗址。南岸区确认墓葬 138 座。

墓葬可分为大型和中小型墓两种，部分大型墓葬有墓上祭祀性建筑。墓葬地表有梯形或圆形封土，封土或为夯筑，或以砾石堆筑后再覆盖夯土，夯土下方构筑平面为等腰梯形的石墙，夯土边缘常砌有坯或泥球，并于外侧涂红色石粉。墓室位于封土梯形石墙正中下方，为竖穴土圹或竖穴砾石砌壁，墓室有单室、双室和多室，亦有带回廊的墓室。葬式多为俯身或侧身屈肢葬，仰身直肢葬和火葬较为少见，有单人葬、男女合葬和三人合葬等。

热水墓群的大型墓葬以血渭一号大墓为代表。该墓封土为双覆斗式，南宽北窄，封土由黄土、沙土、砾石、巨石等组成，并混筑梯形夯土墙和梯形石墙，有器物陪葬墓和动物陪葬墓两座，其南面平地上的陪葬遗迹，由 27 个圆坑和 5 条陪葬沟组成。整个布列范围长 30m、宽 50 余米，共殉牛头牛蹄者 13 座，殉完整狗者 8 座，陪葬沟中殉完整马 87 匹，其规模之大实属罕见。

热水墓群出土文物以丝织品为大宗，共有残片 350 余件，不重复图案的品种达 130 余种，不仅数量众多、品种齐全，而且织造技艺精湛、图案精美。这批丝织品几乎包括了目前已知的唐代所有丝织品类型，有锦、绫、罗、缂丝、绢、纱等。其中织金锦、缂丝、嵌合组织显花绫、素绫等均属国内首次发现。此外，还出土有石器、骨器、铜器、铁器、陶器、木器、漆器、金银器、古藏文木简牍等珍贵文物。

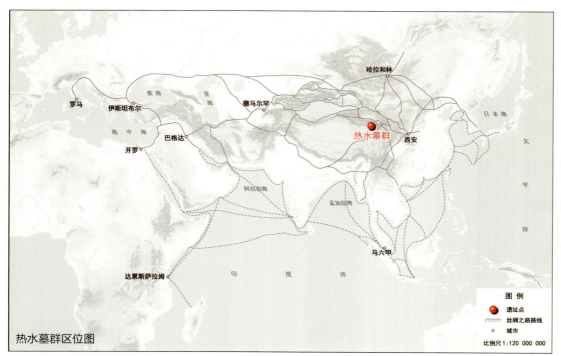

热水墓群区位图

类型
古墓葬
地点
青海省海西蒙古族藏族自治州
遗存年代
南北朝至隋唐（公元 6–8 世纪）
保护地位
第四批全国重点文物保护单位
地理区位
青藏高原地区
政权—（墓主）民族
吐谷浑、吐蕃–吐谷浑人、吐蕃人
丝路关联属性
作为青藏高原地区大型吐谷浑、吐蕃墓葬群，热水墓群及其出土的中西方文物，与丝路青海道上的使团往来、商贸交流、科学技术传播和文化交流活动有密切关联

二、【丝路关联和价值陈述】

热水墓群是丝绸之路青海道沿线曾经强盛一时的吐谷浑、吐蕃政权的大型墓地遗存。其所处的南北朝至隋唐正是丝绸之路畅通、中西陆路文化交流频繁的历史时期。热水墓群出土文物数量庞大、种类繁多、来源广泛，时间跨度长，尤其是出土的大量丝织品和中原汉地铜钱、铜镜、瓷器等珍贵文物，以及波斯文织锦、粟特金银器、突厥银饰品、西方金银币、玛瑙珠、玻璃珠、红色饰花珠等文物，反映了丝路青海道上的使团往来、商贸交流、科学技术传播和文化交流活动，见证了该地作为青藏高原地区中西文化交流重要枢纽和东西方物资贸易中间站，在亚欧大陆长距离交通体系中的繁荣发展。

参考文献：
1. 周毛先，宗喀·漾正冈布. 都兰吐蕃古墓考古研究综述[J]. 西藏研究，2016，(4)：107-113.
2. 仝涛. 青海都兰热水一号大墓的形制、年代及墓主人身份探讨[J]. 考古学报，2012，(4)：467-488，547-550.
3. 许国新. 都兰出土大批唐代丝绸见证丝绸之路青海段[J]. 文物天地，2004，(10)：14-19.
4. 霍川. 青海都兰吐蕃墓出土文物追记[J]. 藏学学刊，2017，(1)：202-219，319.
5. 许新国. 西陲之地与东西方文明[M]. 北京：北京燕山出版社，2006.
6. 北京大学考古文博学院，青海省文物考古研究所. 都兰吐蕃墓[M]. 北京：科学出版社，2005.
7. 中国织绣服饰全集编辑委员会. 中国织绣服饰全集第1卷织染卷[M]. 天津：天津人民美术出版社，2004.
8. 建筑历史研究所. 热水墓群保护总体规划[R]. 北京：中国建筑设计研究院，2017.
9. 遗产地保护管理机构提供资料，2009.

图23-1　热水墓群分布卫星影像图

图23-2 热水墓群及环境（北向南）

图23-3 热水墓群及环境（东向西）

图23-4　血渭一号大墓封土

卷草纹镶嵌绿松石金牌饰

狮纹镶嵌绿松石包金银饰

三狮纹镶嵌绿松石包金银饰

十字花金箔饰

鎏金银质鸟形饰片

鎏金银带饰

图23-5 热水墓群出土金银饰之一

嵌玉金牌之一

嵌玉金牌之二

镀金银凤鸟

镀金银饰片

镀金银花饰之一

镀金银花饰之二

图23-6 热水墓群出土金银饰之二

图23-7　热水墓群出土凤鸟

图23-8　热水墓群出土硅石银饰

图23-9　热水墓群出土马镫

图23-10　热水墓群出土西方金币

图23-11　热水墓群出土六瓣花形铜饰

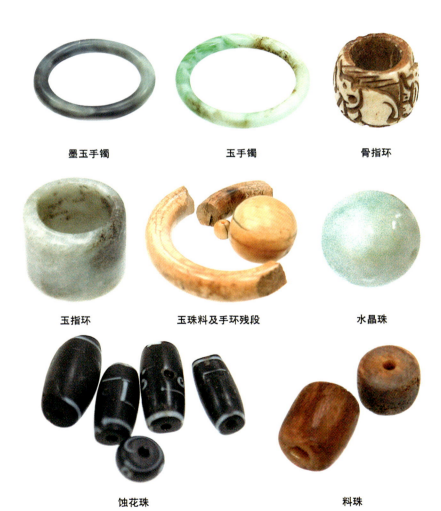

墨玉手镯　　玉手镯　　骨指环

玉指环　　玉珠料及手环残段　　水晶珠

蚀花珠　　料珠

图23-12　热水墓群出土玉器及珠饰之一

红色料珠　　小玉环　　海贝串饰　　各色料珠

蚀花玛瑙　　各色料珠

绿松石料

玉饰片　　杂色料珠　　红色料珠

图23-13　热水墓群出土玉器及珠饰之二　　图23-14　热水墓群出土玉器及珠饰之三

图23-15　热水墓群出土绿松石饰物　　图23-16　热水墓群出土六系青瓷罐　　图23-17　热水墓群出土贴金箔彩绘木鸡

人头俑　　鸡头俑　　骑马俑　　武士骑马俑

图23-18　热水墓群出土木俑

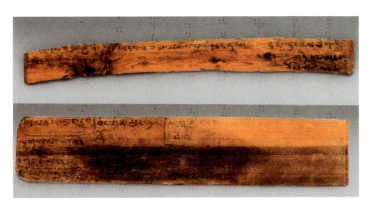

图23-19 热水墓群出土木简

图23-20 热水墓群出土道符

图23-21 热水墓群出土皮靴

图23-22 热水墓群出土织锦袜

图23-23 热水墓群出土花卉袖口

图23-24 热水墓群出土藏文织物

图23-25 热水墓群出土波斯文字锦

图23-26 热水墓群出土联珠纹含绶鸟锦

图23-27 热水墓群出土宝花绣锦

图23-28 热水墓群出土黄地联珠对马锦

图23-29 热水墓群出土簇四联珠对羊锦之一

图23-30 热水墓群出土簇四联珠对羊锦之二

图23-31 热水墓群出土太阳神骑士对兽锦

图23-32 热水墓群出土中窠双联珠对龙纹绫

图23-33 热水墓群出土小窠联珠对凤锦

图23-34 热水墓群出土大窠联珠树下对虎锦

图23-35 热水墓群出土胡人牵驼锦

图23-36 热水墓群出土褐地织金锦

图23-37 热水墓群出土红地墨绘花卉绫

图23-38 热水墓群出土小窠联珠镜花锦

图23-39 热水墓群出土黄地柿蒂花绫

图23-40 热水墓群出土紫地花卉绫

图23-41 热水墓群出土墨绿色地鹅黄色印花绢

图23-42 热水墓群出土连缀绢片

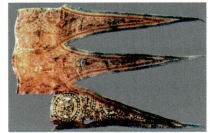

图23-43 热水墓群出土幡片

图23-44 热水墓群出土刺绣

图23-45　热水墓群出土绿色缠枝葡萄纹绫

图23-46　热水墓群出土红色独窠蝶绕宝花纹绫

藏王墓
Tombs of the Tibetan Kings

一、【事实性信息】

藏王墓（The Mausoleums of the Tibetan Kings）是自松赞干布以来历代吐蕃赞普的陵墓，位于西藏自治区山南地区琼结县城南侧0.5km和东侧1km处，海拔高度在3 800～3 938m之间。陵墓主要分布在琼结河右岸和东嘎沟口附近，东西长约2.5km，南北宽约1.5km，分布范围350余公顷，可分为两个区，东区位于东嘎沟口位置，即文献所载"顿卡达"，西区在木惹山与琼结河之间。除了少数墓葬建于山腰和山脚位置，一般都建在琼结河和东嘎沟的河滩附近。

西区陵墓数量较多，发现13座，编为1—13号，该区陵墓封土规模较东区更大。另外在西区向西稍远之地，还发现有几座稍高的土台，推测也可能为陵墓或相关建筑遗址。东区共发现7座陵墓，规模较小，编为14-20号。至2013年，两区内共得到确认的陵墓已达26座。各个陵墓的形制大致相同，均为方形平顶，大小不一，多数高达数十米，用土石夯筑而成。根据学者复原，推测1号陵即松赞干布陵的墓室是以中央墓室为中心，四周分布有4个小侧室的五格室墓室。此外，根据考古发掘，还发现有陵垣、相关建筑遗址，以及古藏文纪功碑、石狮等受唐陵影响的石刻文物。

二、【丝路关联和价值陈述】

藏王墓是西藏境内规模宏大的一处吐蕃赞普陵墓群，对于研究吐蕃时期丧葬习俗、墓葬形制、古代环境、社会生活，以及古代吐蕃与中原文明的交流，具有十分重要的作用。

参考文献：
1. 王毅. 藏王墓——西藏文物见闻记（六）[J]. 文物, 1961, (4): 81-87.
2. 王仁湘, 赵慧民, 刘建国, 郭幼安. 西藏琼结吐蕃王陵的勘测与研究[J]. 考古学报, 2002, (4): 471-492, 515-524.
3. 夏吾卡先. 吐蕃王陵的墓室复原研究[J]. 西藏研究, 2015, (6): 46-53.
4. 四川大学中国藏学研究所, 西藏自治区文物保护研究所, 山南地区文物局. 西藏琼结县藏王陵1号陵陵垣的试掘[J]. 考古, 2016, (9): 70-76.
5. 罗倩倩. 藏王墓：探寻吐蕃王朝的密码[N]. 中国社会科学报, 2011-11-24(A15).
6. 中国社会科学院考古研究所边疆考古中心. 藏王陵[M]. 北京：文物出版社, 2006.

类型
古墓葬
地点
西藏自治区山南地区
遗存年代
公元7-9世纪（吐蕃）
保护地位
第一批全国重点文物保护单位
地理区位
青藏高原地区
政权—（墓主）民族
吐蕃－吐蕃人
丝路关联属性
作为吐蕃历代赞普的陵墓群，藏王墓见证了古代吐蕃与中原文明的交流

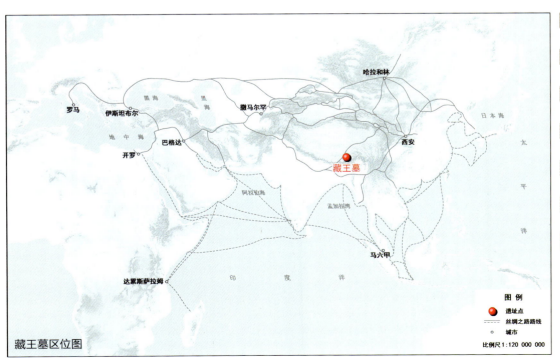

藏王墓区位图

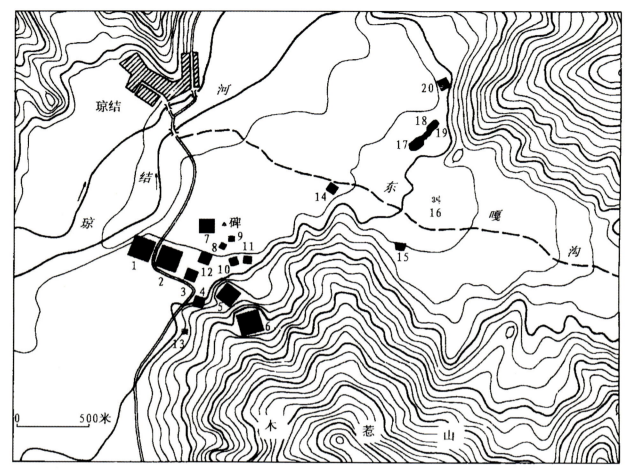

图24-1　藏王墓平面分布图

图24-2　藏王墓西区俯视

图24-3　西望藏王墓西区

图24-4　藏王墓1-6号陵俯瞰

图24-5　藏王墓1号、2号、3号陵

图24-6　藏王墓1号陵

图24-7 藏王墓2号、3号陵

图24-8 藏王墓2号陵

图24-9 藏王墓5号、6号陵与木惹山

图24--10　藏王墓7号陵

图24-11　藏王墓东区东嘎沟远眺

图24-12　藏王墓15号陵

图24-13　藏王墓17号陵

图24-14　藏王墓20号陵

图24-15　藏王墓1号陵墙垣遗址

图24-16　藏王墓1号陵建筑遗址

图24-17　6号陵石狮

图24-19　藏王墓1号陵墙垣遗址出土珊瑚珠

图24-18　藏王墓纪功碑

河套地区墓葬

西夏陵
Western Xia Imperial Tombs

一、【事实性信息】

西夏陵（Western Xia Imperial Tombs）是以西夏（公元 1038—1227 年）历代统治者陵墓为主体的大型墓葬群，位于宁夏回族自治区银川市西夏区内的贺兰山东麓洪基扇上，东北距银川市直线距离 25km。西夏陵由西夏的建立者嵬名元昊及其之后的 6 位继任者共 7 位西夏皇帝，以及元昊的父亲李德明和祖父李继迁在内共 9 座帝陵，及 271 座陪葬墓、1 处北端建筑遗址、32 处防洪工程遗址组成。

西夏陵整体格局上采用集中式布局，于贺兰山东麓南北分布，主要以帝陵系列与成片分布的、规模不等的陪葬墓群和北端建筑遗址组成；帝陵布局形制独特，陵域边界或筑外城，或设角台，域内由南向北呈定制主要分布有阙台、碑亭、月城、神道、石象生、陵城等；陵城由陵墙围合、设四门、角阙，城内主要包括献殿、墓道封土、墓道、墓室、陵塔、中心台等要素；建筑形制受到多方影响而独具一格；建造技术以中国北方地区传统的黄土夯筑为主；建筑材料以土、木、砖、瓦、琉璃、石为主，展现了西夏特色的工艺与艺术风格。

二、【丝路关联和价值陈述】

西夏先后与辽、宋、金、吐蕃、回鹘等政权并存，以归附、袭扰、联合、敌对、议和、征战等状态与周边政权和汉族、鞑靼、回鹘、吐蕃、突厥、契丹、女真、蒙古等民族发生着不同程度的冲突与交流。同时，西夏所在地区是北方草原文化与中原农耕文化的交界地带。西夏正是在这样独特的地缘政治夹缝中生存与发展，西夏陵遗址及其出土文物，充分展现了西夏文明以草原文明为底色的东西、南北多元文明熔炉的特征。西夏与周边的邻国保持着密切的经济文化交流，广泛吸取中原汉文化传往周边地区，同时又将周边民族文化传至中原地区，成为东、西方不同的经济方式、文明与文化交流的重要媒介。

参考文献：
1 韩小忙. 西夏王陵 [M]. 兰州：甘肃文化出版社，1995.
2 宁夏文物考古研究所，银川西夏陵区管理处. 西夏三号陵：地面遗迹发掘报告 [M]. 北京：科学出版社，2007.
3 宁夏文物考古研究所，银川西夏陵区管理处. 西夏陵六号陵 [M]. 北京：科学出版社，2013.
4 陈旭. 贺兰山：银川平原的守护神[J]. 中国国家地理，2010，(2)：26–51.
5 建筑历史研究所. 西夏陵申遗文本[R]. 北京：中国建筑设计研究院，2019.
6 遗产地保护管理机构提供资料，2015–2017.

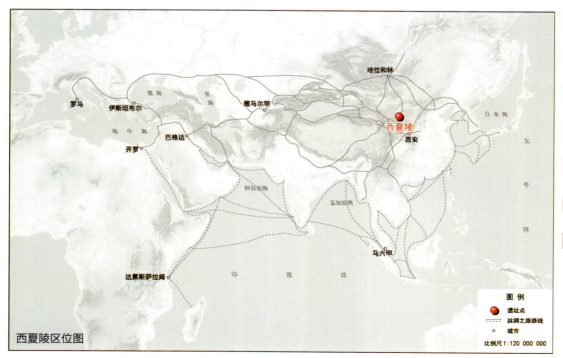

西夏陵区位图

类型
古墓葬
地点
宁夏回族自治区银川市
遗存年代
西夏（11—13 世纪）
保护地位
第三批全国重点文物保护单位
地理区位
河套地区
政权—（墓主）民族
西夏—党项
丝路关联属性
作为西夏统治者的陵墓，西夏陵及其出土文物展现了党项、汉、回鹘、吐蕃等多个族群在同一区域内文明与文化的交互影响与再创造过程

河套地区墓葬 187

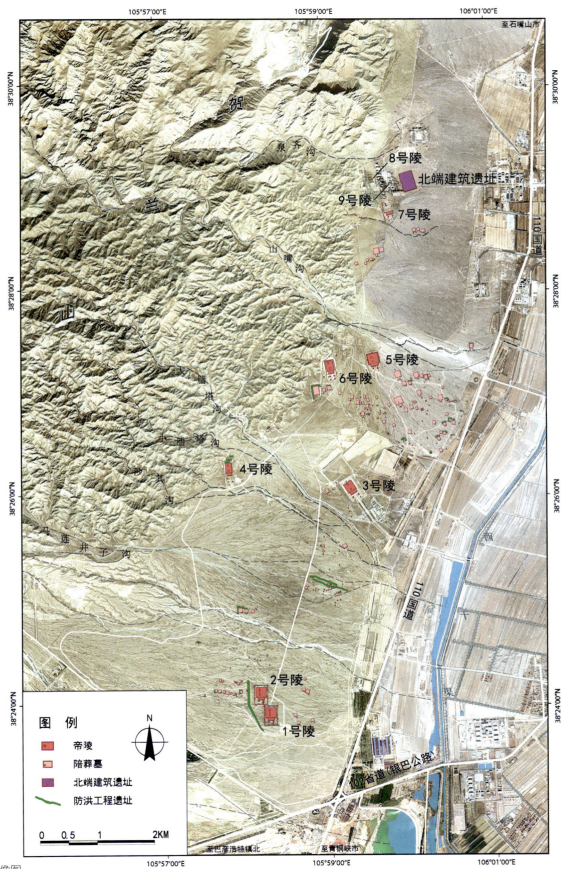

图25-1 西夏陵卫星影像图

图25-2　西夏陵（1、2号陵）与贺兰山

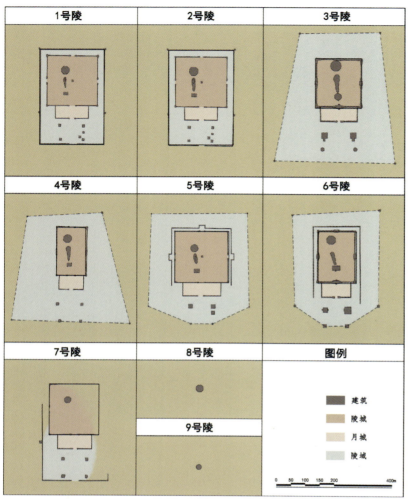

图25-3　西夏陵帝陵平面布局结构示意图

图25-4　西夏3号陵鸟瞰（南向北）

图25-5　西夏3号陵正视

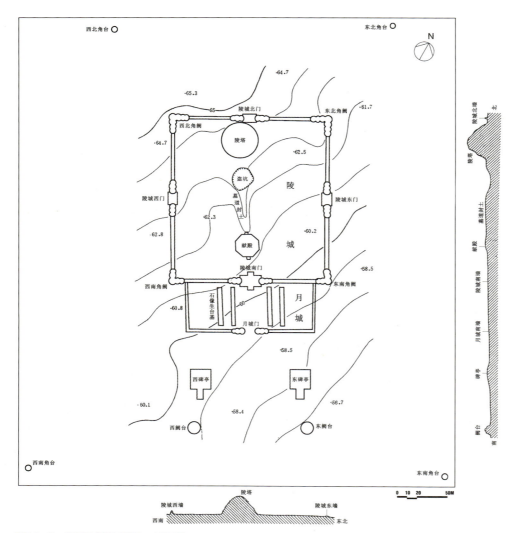

图25-6 西夏3号陵平面、剖面图

图25-7 西夏3号陵西碑亭遗址

兽面纹滴水　琉璃兽面纹瓦当　花卉纹瓦当
兽面纹瓦当　重唇板瓦
琉璃嫔伽　琉璃摩羯　琉璃海狮
琉璃套兽　琉璃仰覆莲座
石人碑座
石象生

莲花纹方砖

灰陶鸱吻

鎏金铜带扣
西夏文残碑　残碑
褐釉八棱双耳罐

铜盘

白瓷碗

图25-8　西夏3号陵主要出土文物

图25-9 西夏4号陵鸟瞰（东南向西北）

图25-10　西夏5号陵正面俯视（南向北）

图25-11　西夏6号陵鸟瞰（东南向西北）

图25-12 西夏6号陵主要出土文物

图25-13　西夏7号陵鸟瞰（东南向西北）

图25-14　西夏7号陵出土西夏文"大白高国护城圣德至懿皇帝寿陵志铭"碑额拓片

图25-15　西夏8号陵陵塔鸟瞰（东向西）

图25-16　西夏9号陵陵塔鸟瞰（东向西）

图25-17 西夏陵陪葬墓群局部鸟瞰（东向西）

铜牛（MIII-107 出土）　　铜牛（MII-067 出土）　　石马（MII-067 出土）

石马（MIII-107 出土）　　石马（MII-067 出土）　　石狗（MII-067 出土）

图25-18 西夏陵MIII-107、MII-067陪葬墓出土动物形器

图25-19 西夏陵北端建筑遗址鸟瞰（东向西）

图25-21 西夏陵防洪墙遗址局部（北向南）

手掌纹砖　　琉璃花卉纹滴水　　琉璃兽面纹瓦当　　琉璃筒瓦

琉璃条形瓦　　琉璃槽形瓦　　琉璃鸱　　白瓷板瓦

莲花柱础　　石雕兽首　　泥塑兽首　　泥塑花饰

泥塑人像　　泥塑莲花座　　泥塑花饰　　泥塑花饰

梵字壁画残块　　白瓷碗　　青釉碗　　白瓷瓶

图25-20 西夏陵北端建筑遗址主要出土文物

西 域 地 区 墓 葬

阿斯塔那古墓群
Astana Cemetery

一、【事实性信息】

阿斯塔那古墓群（Astana Cemetery）是西晋至唐代（公元3—8世纪）高昌城居民的公共墓地，包括阿斯塔那墓地和哈拉和卓墓地，位于新疆维吾尔自治区吐鲁番市东南约40km的三堡乡（阿斯塔那）以北至二堡乡（哈拉和卓）以西地带，东南距高昌故城约2km，地处火焰山南麓戈壁滩上，北高南低，地势平坦，其分布范围东西长约5km，南北宽约2km。通往312国道至高昌故城的公路南北向穿过阿斯塔那古墓群，将墓群分为东西两部分，公路以东为东区（Ⅰ区），为哈拉和卓墓地，包括墓葬107座；公路以西为西区（Ⅱ区），为阿斯塔那墓地，包括墓地321座。

根据墓葬形制和出土器物特征，以及有纪年的衣物疏、墓志、文书等，可将阿斯塔那古墓群划分为三个时期。

第一期：晋至南北朝时期（公元3—6世纪初），是从西晋屯田复置戊己校尉到高昌郡时期，它的墓葬形制有两种类型：第一种类型为斜坡墓道土洞墓。此类墓室平面多为正方形，四壁较直，墓顶呈方椎攒尖式或小覆斗式。第二种类型为长方形井墓道的土洞墓。此类墓道上口规整，四壁较直，沿墓道上口砌有一排土坯。这一时期的墓葬有合葬，也有幼殇葬，但第二种类型均属于单身葬。随葬品普遍为灰陶，一般有灯、釜、甑、罐、壶、盆、瓮、盘、碗等，器型较大。有明确纪年的遗物主要是"衣物疏"，墓志比较少见。壁画多以描写地主庄园生活为内容。

第二期：南北朝中期至初唐（公元6—7世纪中叶），属于麴氏高昌时期，在这一阶段中，出现了聚族而葬的茔区，用周围的砾土铺出茔区界线。从这个时期开始于地面建造家族坟院。坟院内的墓葬大体依死者辈分及长幼排列。随葬器物包括罐、碗、盆、盘、灯等。木器减少，木桶制作稍精致，施有彩绘。署有高昌纪年的砖质墓志开始流行。墓内出现大幅伏羲女娲画像。

第三期：盛唐至中唐（公元7世纪中叶—8世纪中叶），属唐西州时期，墓室较上一时期增大，主要为合葬。主室平面出现了弧形，向圆形演变，同时出现前后双室墓及偏刀状墓。在大型墓中，并有仿木结构的擎天柱。墓顶变化比较多，除圆顶、纵券顶、横券顶、平顶之外，间有盘顶。墓道除斜坡式外，还有阶梯式。较大型墓上，墓室前增置了甬道，且有在甬道两侧凿壁龛者，同时，还有不太显著的封土。随葬器物以陶制碗、灯、盆、盘为常见。一些贵族墓中有大量的泥俑出土，

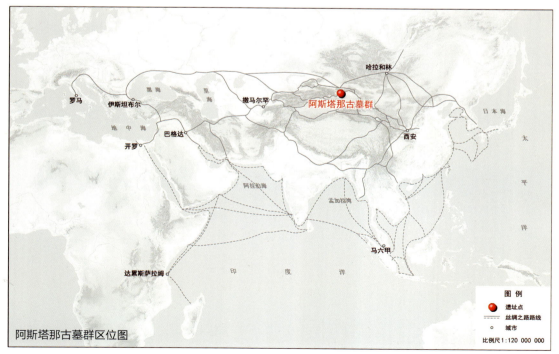

阿斯塔那古墓群区位图

类型
古墓葬
地点
新疆维吾尔自治区吐鲁番地区
遗存年代
西晋至唐（公元3—8世纪）
保护地位
第三批全国重点文物保护单位
地理区位
西域地区
政权—（墓主）民族
西晋至唐—汉族及其他少数民族等
丝路关联属性
阿斯塔那古墓群作为高昌故城的公共墓地，与其丰富的出土文物一同展现了丝绸之路高昌地区东西文化的交流与融合

出土时成组骑士仪仗、泥马均合模制成。后期出土十二生肖俑，均施彩，藤盒，漆碗等。出土的伏羲、女娲画像有所增加。墓葬中还出土有寓意招魂的人形剪纸的纸钱、纸鞋、纸腰带、纸冠等，墓中还多随葬木鸡、五谷袋、毛笔以及各种文书、契约等。长安年间（701—704年）以后的墓中，发现一批表现贵族优裕生活的绢画和壁画，画面多用幅式屏风。

阿斯塔那古墓群被誉为天然地下博物馆，由于气候炎热干燥，加之地下水位较深，清理的墓葬中出土尸骨、文书、丝毛棉麻织物、墓志、钱币、泥塑木雕俑、陶木器皿、绘画、农作物、瓜果食品等各种历史文物，数以万计，其内容涉及古代高昌地区族属、政治、经济、军事、艺术、思想文化、宗教信仰、社会生活等各个方面。

二、【丝路关联和价值陈述】

阿斯塔那古墓群中出土的万余件珍贵文物，是研究古代高昌地区历史的重要实物例证，反映了高昌社会的政治、经济、军事、生活、宗教、文化等各方面情况，以及与汉地葬制、葬俗的关系等。墓葬中出土的汉文文书，对于该地区以及中亚的政治、经济、军事、文化史，研究晋唐时期中亚各国与中原的关系史，具有极高价值。阿斯塔那古墓群充分吸收了外来文化因素，形成了具有鲜明地区特色的文明，与高昌古城一起，见证了黄河流域古代文明、印度河流域古代文明、古代波斯文明、古代希腊文明、欧亚草原文明在西域的融合，及所创造的辉煌成就。

参考文献：

1. 新华. 新疆吐鲁番阿斯塔那墓葬分期研究——斯坦因阿斯塔那墓葬资料的再整理与研究[C]//考古杂志社. 考古学集刊12. 北京：中国大百科全书出版社，1999. 330-364，407-410，419-430.
2. 李亚栋. 阿斯塔那古墓群发掘简况及墓葬编号——以可移动文物普查与国保档案为中心[C]//陕西师范大学历史文化学院，陕西历史博物馆. 丝绸之路研究集刊第1辑. 北京：商务印书馆，2017. 318-327，355.
3. 新疆文物考古研究所. 吐鲁番阿斯塔那－哈拉和卓墓地（哈拉和卓卷）[M]. 北京：文物出版社，2017.
4. 新疆维吾尔自治区博物馆. 新疆出土文物[M]. 北京：文物出版社，1975.
5. 新疆维吾尔自治区文物事业管理局等. 新疆文物古迹大观[M]. 乌鲁木齐：新疆美术摄影出版社，1999.
6. 穆顺英. 中国新疆古代艺术[M]. 乌鲁木齐：新疆美术摄影出版社，1994.
7. 中国墓室壁画全集编辑委员会. 中国墓室壁画全集·汉魏晋南北朝[M]. 石家庄：河北教育出版社，2011.
8. UNESCO. Silk Roads: the Routes Network of Chang'an-Tianshan Corridor[M/OL]. http://whc.unesco.org/en/list/1442, 2014-07-25/2020-08-01
9. 遗产地管理机构提供资料，2009.

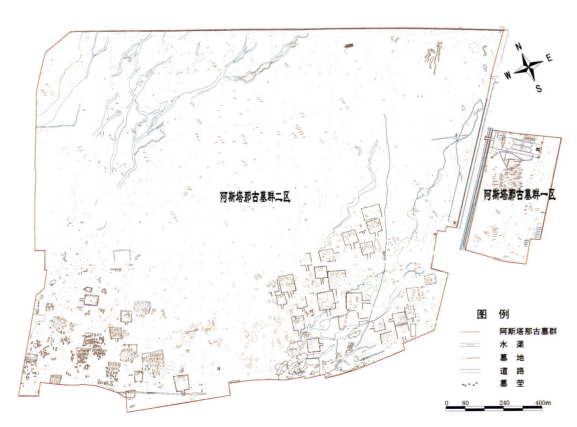

图26-1　阿斯塔那古墓群总平面图

图26-2　阿斯塔那古墓群

图26-3　阿斯塔那古墓群出土墓庄园生活图壁画

图26-4　阿斯塔那古墓群出土墓主夫妇像壁画之一

图26-5　阿斯塔那古墓群出土墓主夫妇像壁画之二

图26-6　阿斯塔那古墓群出土木简（西晋）

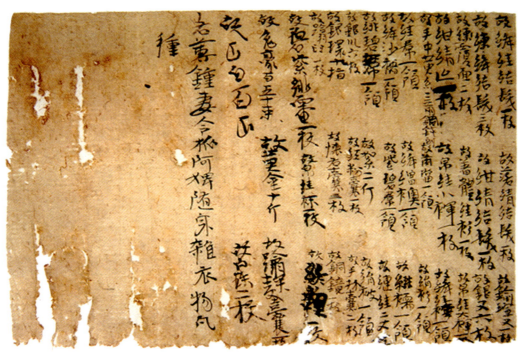

图26-7　阿斯塔那古墓群出土随葬衣物疏（高昌）

图26-8 阿斯塔那古墓群出土道教符录（高昌）

图26-9 阿斯塔那古墓群出土《粟特文买卖女奴》文书（高昌）

图26-11 阿斯塔那古墓群出土伏羲女娲绢画（唐）

图26-10 阿斯塔那古墓群出土张雄妻麹氏墓志拓片（唐）

图26-12 阿斯塔那古墓群出土弈棋图绢画（唐）

图26-13 阿斯塔那古墓群出土仕女绢画（唐）

"吉"字锦（北朝）　　夔纹锦（北朝）　　花鸟纹锦（唐）　　黄色套印花绢（唐）

团花纹锦（唐）　　绛色印花纱（唐）

　　　　　　　　黄色印花纱（唐）　　绿色印花纱（唐）

图26-14 阿斯塔那古墓群出土织物

图26-15 阿斯塔那古墓群出土绛地印花绢裙（唐）

图26-16 阿斯塔那古墓群出土绢花（唐）

图26-17 阿斯塔那古墓群出土织成履（东晋）

图26-18 阿斯塔那古墓葬出土云头锦鞋（唐）

图26-19 阿斯塔那古墓群出土蒲草鞋（唐）

图26-20 阿斯塔那古墓群出土彩绘劳动妇女泥俑群（唐）

图26-21 阿斯塔那古墓群出土泥头木身女俑（唐）

图26-22 阿斯塔那古墓群出土仕女俑（唐）

图26-23 阿斯塔那古墓群出土戴纱骑马泥女俑（唐）

图26-24 阿斯塔那古墓群出土彩绘天王木俑（唐）

图26-25 阿斯塔那古墓群出土彩绘鸡头泥俑（唐）

图26-26 阿斯塔那古墓群出土犁牛俑（唐）

图26-27 阿斯塔那古墓群出土镇墓兽（唐）

图26-28 阿斯塔那古墓群出土木牛车（唐）

图26-29 阿斯塔那古墓群出土木亭模型（唐）

图26-30 阿斯塔那古墓葬出土铜菩萨（高昌）

图26-31 阿斯塔那古墓群出土萨珊银币

图26-32 阿斯塔那古墓群出土仿东罗马金币

图26-33 阿斯塔那古墓群出土花式糕点（唐）

图26-34 阿斯塔那古墓葬出土干葡萄（唐）

图26-35 阿斯塔那古墓葬出土毛笔、木笔（唐）

图26-36 阿斯塔那古墓葬出土木尺（唐）

麻赫穆德·喀什噶里墓
Mehmud Qeshqeri Mazar

一、【事实性信息】

麻赫穆德·喀什噶里墓（Məhmud Qeshqeri Mazar）是十一世纪中国维吾尔族著名学者麻赫穆德·喀什噶里安葬之处，位于新疆维吾尔自治区喀什地区疏附县乌帕尔乡艾孜克村，始建于公元1315年。

麻赫穆德·喀什噶里墓坐落于艾孜热提毛拉木山上东南端，坐西朝东，为一组院落式建筑，建筑面积共1 160m²，由院落、正门、墓葬建筑组成。墓葬建筑位于院落偏西，由敞廊（清真寺）、主墓室、中厅、诵经室（居舍）、经堂等组成。该建筑原为土木结构的穹顶和平顶建筑，1985年重修后改为砖木混合结构，其中主墓室、祈祷室、中室的布局和造型、梁架仍为原构。主墓室长度8.3m，宽5m，内部墓台长度为4.5m，高度为1.2m，由两个台阶组成，上面安放墓篮，墓篮长3m，宽1.2m，高1.2m。墓葬建筑四角及正门四角均有塔楼，穹隆顶，整个建筑以石膏抹面，正门表面饰有石膏雕花，具有浓郁的民族特色和时代特点，为典型伊斯兰麻扎建筑。

二、【丝路关联和价值陈述】

麻赫穆德·喀什噶里（公元1008—1105年）作为喀喇汗王朝著名语言学家，出生于喀什噶尔，于公元1058年（回历450年）沿丝绸之路长期游历于中亚广大腹地，最终于公元1072-1074年间作出皇皇巨著《突厥语大辞典》，以此打通阿拉伯人与突厥人之间的语言隔阂。《突厥语大辞典》是我国最早也是最大的一部少数民族辞书，被誉为中世纪中亚丝绸之路百科全书，不仅在比较语言学领域具有重大价值，还涉及文学、民俗学、考古学、民族学、社会学、哲学、地理学、宗教等内容，为研究中世纪丝绸之路中亚文明提供了第一手珍贵史料。

麻赫穆德·喀什噶里墓具有典型的时代、地域、宗教与民族特色，作为麻赫穆德·喀什噶里之墓，纪念并见证了他对丝绸之路文化记录、研究与交流做出的伟大贡献。

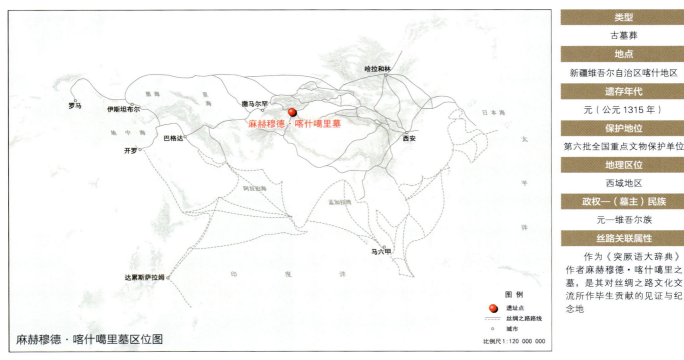

麻赫穆德·喀什噶里墓区位图

类型
古墓葬
地点
新疆维吾尔自治区喀什地区
遗存年代
元（公元1315年）
保护地位
第六批全国重点文物保护单位
地理区位
西域地区
政权—（墓主）民族
元—维吾尔族
丝路关联属性
作为《突厥语大辞典》作者麻赫穆德·喀什噶里之墓，是其对丝绸之路文化交流所作毕生贡献的见证与纪念地

参考文献：

1. 塔伊尔江·穆罕默德.《突厥语大辞典》及其作者麻赫穆德·喀什噶里[J]. 新疆社会科学，2004，(1)：69-75.
2. 潘帅英.《突厥语词典》国内四十年（1978—2017）研究综述[J]. 辞书研究，2019，(1)：75-85，121.
3. 阿合买提江·买明. 喀喇汗王朝时期的回鹘史学与《突厥语大辞典》的史学特征[J]. 西北民族大学学报（哲学社会科学版），2014，(2)：70-73.
4.《新疆丝绸之路文化遗产》编委会. 新疆丝绸之路文化遗产[M]. 乌鲁木齐：新疆青少年出版社，2010.
5. 孙大卫. 中国新疆古代艺术宝典·建筑卷[M]. 乌鲁木齐：新疆人民出版社，2006.
6. 新疆维吾尔自治区文物局. 不可移动的文物·喀什地区卷1[M]. 乌鲁木齐：新疆美术摄影出版社，2015.
7. 新疆维吾尔自治区文物局. 新疆维吾尔自治区第三次全国文物普查成果集成·喀什地区卷[M]. 北京：科学出版社，2011.
8. 遗产地提供资料，2009.

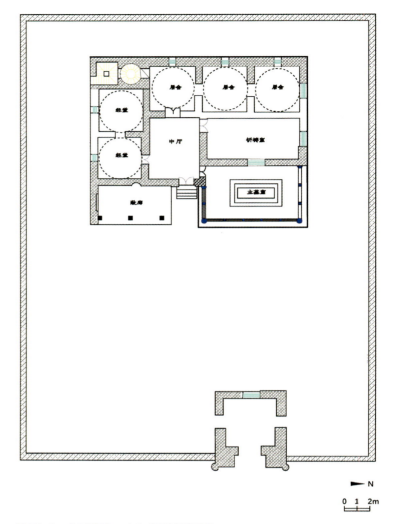

图27-1　麻赫穆德·喀什噶里墓平面图

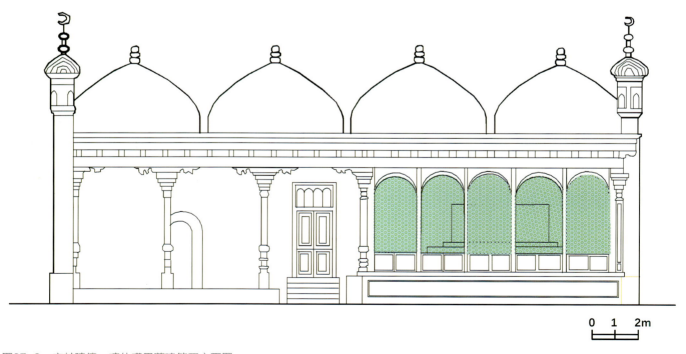

图27-2　麻赫穆德·喀什噶里墓建筑正立面图

图27-3　麻赫穆德·喀什噶里麻扎旧貌

图27-4　麻赫穆德·喀什噶里墓远眺

图27-5　麻赫穆德·喀什噶里墓鸟瞰

图27-6 麻赫穆德·喀什噶里墓门楼外观

图27-7 麻赫穆德·喀什噶里墓建筑正面

图27-8 麻赫穆德·喀什噶里麻扎主墓室

图27-9 麻赫穆德·喀什噶里墓民间维修的历史记载

图27-10 《突厥语大辞典》公元1266年叙利亚手抄本影印版

图27-11 《突厥语大辞典》汉文版（2002年版）

内蒙古高原地区墓葬

元上都墓葬群
Tombs in the Site of Xanadu

一、【事实性信息】

元上都墓葬群（Tombs in Site of Xanadu）是与元上都居民密切相关的元代汉族和蒙古族墓葬群，前者以地处元上都城郊的砧子山墓葬群（Tombs of Zhenzi Hill）为代表，后者以远离元上都的一棵树墓葬群（Tombs of Modot）为代表。

砧子山墓葬群位于多伦县西北的蔡木山乡境内，西北距元上都城址9km，是目前已发现的元上都遗址附近规模最大的元代墓葬群，属汉人家族墓葬群。墓葬群凭依砧子山主峰，在四面山麓缓坡地带成片分布，总计有1500余座墓葬，分布面积约292hm²。砧子山墓葬群的墓茔多为长方形或方形，面积较大。墓茔分为一道围墙的单墓茔，内外两道围墙的双重式墓茔，以及在南侧围墙内再加筑一道或两道东西向墙体的二进式和三进式墓茔。墓茔内常建有墓上建筑，地表尚见有石碑、石狮、石供桌、石凳和砖雕等，有的还建有砖塔。墓葬均位于墓茔北区或内区，一茔一墓者多见，以一茔多墓者较少，骨灰葬与尸骨葬均较流行，但不同墓区的比例有所不同。在清理的198座墓葬中，有随葬品的约占半数以上，出土随葬品包括铁器、陶器、瓷器、铜器、金银器、骨器、木器、石器、漆器和建筑材料、织物、皮制品等。

一棵树墓葬群位于元上都城址西北约12km的上都音高勒苏木北面的山湾缓坡之上，属普通蒙古人墓葬群，分布面积约215hm²，可分为两个区，东西相距约1500m。其中I区墓葬较为分散，清理的8座墓葬中，有6座带有石砌墓茔墙，多为长方形。II区墓葬分布呈东—西向排列，大致可以分为南北两排，清理的18座墓葬中，仅有一座墓具有长方形墓茔。以上7座墓茔墙均为自然石块垒砌，规模较小，无门道痕迹，皆为一茔一墓。无墓茔的19座墓葬，均为竖穴土坑墓，平面以长梯形墓为主，长方形墓次之。多数墓葬的墓口地表均用自然石块垒砌不规则状地面标志。一棵树墓葬群出土各类随葬品191件，以钱币为主，铁器次之，还有少量铜镜、桦树皮器、金耳饰、银器、骨器、铜饰件、珠饰和少量的毛毡、丝织品等。

二、【丝路关联和价值陈述】

元上都是13—14世纪中国北方草原游牧民族在汉族地区建立起的都城，以砧子山墓葬群和一棵树墓葬群为代表的元上都周边墓葬群与元上都的历史变迁联系紧密，反

元上都墓葬群区位图

类型
古墓葬
地点
内蒙古自治区锡林郭勒盟正蓝旗、多伦县
遗存年代
元（公元13—14世纪）
保护地位
世界遗产、第七批全国重点文物保护单位
地理区位
内蒙古高原
政权—（墓主）民族
元—蒙古族、汉族
丝路关联属性
元上都墓葬群作为13—14世纪元上都密切相关的墓葬群，反映了元上都这一农耕文明与游牧文化相互影响与融合之地的居民社会生活

映了元朝社会生活的不同侧面，是蒙、汉民族于上都共同生活的物证。其出土随葬品中，发现多座墓葬同时出土游牧民族特征的随葬品和受汉族文化影响的随葬品，展现了游牧民族与汉地农耕居民在生产用具、生活习惯等方面的影响与融合，进一步印证了元上都所代表的游牧与农耕文化兼容并蓄的城市模式。

参考文献：
1. 内蒙古文物考古研究所等. 元上都城南砧子山南区墓葬发掘报告[C]//内蒙古文物考古研究所. 内蒙古文物考古文集（第一辑）. 北京：中国大百科全书出版社，1994. 639-671.
2. 内蒙古文物考古研究所, 吉林大学边疆考古研究中心. 元上都城址东南砧子山西区墓葬发掘简报[J]. 文物，2001，(9)：37-51，1.
3. 中国历史博物馆遥感与航空摄影考古中心，内蒙古文物考古研究所. 内蒙古东南部航空摄影考古报告[M]. 北京：科学出版社，2002.
4. 建筑历史研究所. 元上都申遗文本[R]. 北京：中国建筑设计研究院有限公司，2010.

图28-1 砧子山墓葬群鸟瞰（西北向东南）

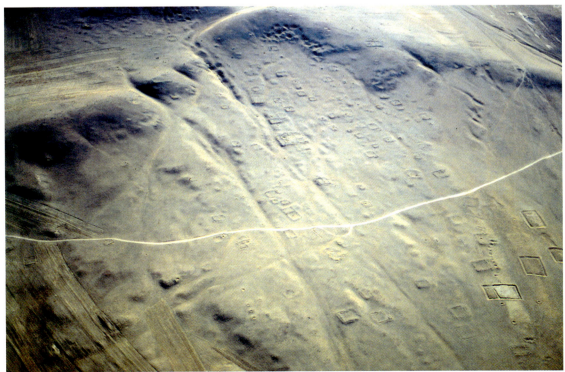

图28-2 砧子山墓葬群西坡鸟瞰（西向东）

图28-3　砧子山墓葬群远眺（东向西）

图28-4　砧子山墓葬群部分墓葬及出土文物

图28-5　砧子山墓葬群壁画及出土文物

图28-6　砧子山墓葬群出土文物

图28-7 砧子山墓葬群出土文物

图28-8 砧子山墓葬群出土石构建

图28-9 一棵树墓葬群鸟瞰(东南向西北)

图28-10 一棵树墓葬群鸟瞰(南向北)

图28-11 远眺一棵树墓葬群

图28-13 一棵树墓地出土铜镜

图28-14 一棵树墓地出土银壶

图28-12 一棵树墓地LYM20全景（北—南）　　图28-15 一棵树墓地出土铜管状器　　图28-16 一棵树墓地出土桦树皮箭

东南沿海地区墓葬

合浦汉墓群
Hepu Tombs of the Han Dynasty

一、【事实性信息】

合浦汉墓群（Hepu Tombs of the Han Dynasty）是汉代岭南地区重要政治、经济中心合浦郡的公共墓地，位于广西壮族自治区北海市合浦县东南郊，分布范围南北长约 12.5km，东西宽约平均 5.5km，总面积约 68km^2。墓群所在地大部分为丘陵地带，也有少部分为河谷冲积平原地带。

2001 年调查，有可见封土堆又经立标编号的汉墓有 1 056 座，据此推测目前尚存墓葬约为 8 500 座。现在地面封土堆一般呈馒头形，最大的一座墓葬封土堆直径在 90m 左右，高约 15m；中型墓葬封土堆一般也在封土 30m 左右，高 3m 左右；小型的墓葬堆直径一般在 10m 之间，高约 2m。自 20 世纪 50 年代至今，已发掘清理汉墓 400 多座，墓主人分别为两汉地方官吏、被贬皇亲国戚及朝廷官员、贩卖丝绸、珍珠的商贾和一般平民。

二、【丝路关联和价值陈述】

合浦汉墓群墓葬数量庞大，已出土各种随葬物品上万件，特别是从东南亚、南亚、西亚和地中海地区等地输入的舶来品以及金饼、胡人俑等物品，是海上丝绸之路的重要贸易物证，确认了《汉书·地理志》描述的这条从合浦港始经由东南亚沿海到达印度、斯里兰卡的贸易路线的存在。

参考文献：
1.建筑历史研究所. 申报中国世界遗产预备名单·海上丝绸之路（中国段）文本及附件[R]. 北京：中国建筑设计研究院，2012.
2.彭书琳，陈左眉. 广西北海市盘子岭东汉墓[J]. 考古，1998，(11)：48-60.
3.熊昭明，韦革，覃芳，何安益. 广西合浦县九只岭东汉墓[J]. 考古，2003，(10)：57-77.
4.黄槐武，韦革. 广西合浦县禁山七星岭东汉墓葬[J]. 考古，2004，(4)：37-45.
5.广西文物考古研究所等. 2005年合浦县文昌塔汉墓发掘报告[M]//广西文物考古研究所. 广西考古文集 第3辑. 北京：文物出版社，2007.
6.广西合浦县博物馆. 广西合浦县母猪岭汉墓的发掘[J]. 考古，2007，(2)：19-38.
7.广西文物考古研究所等. 广西合浦县寮尾东汉至三国墓发掘报告[J]. 考古学报，2012，(4)：489-545.
8.黄珊，熊昭明，赵春燕. 广西合浦县寮尾东汉墓出土青绿釉陶壶研究[J]. 考古，2013，(8)：87-96.
9.广西文物保护与考古研究所. 广西合浦县双坟墩土墩墓发掘简报[J]. 考古，2016，(4)：33-44.
10.富霞. 广西合浦汉墓墓主人族属及域外文化因素探讨[J]. 中国国家博物馆馆刊，2018，(4)：26-34.
11.熊昭明. 汉代合浦港考古与海上丝绸之路[M]. 北京：文物出版社，2015.
12.广西壮族自治区文物工作队等. 合浦风门岭汉墓：2003-2005年发掘报告[M]. 北京：科学出版社，2006.
13.广西文物保护与考古研究所. 2009-2013年合浦汉晋墓发掘报告[M]. 北京：文物出版社，2016.
14.梁旭达. 广西合浦又昌塔汉墓[M]. 文物出版社，2017.

合浦汉墓群区位图

类型
古墓葬
地点
广西壮族自治区北海市
遗存年代
汉
保护地位
第四批全国重点文物保护单位
地理区位
东南沿海地区
政权—（墓主）民族
汉—汉族等
丝路关联属性
作为汉代岭南地区中心合浦郡的公共墓地，出土的大量舶来品反映了海洋与大陆经济、文化的结合，见证了汉代海外贸易之繁荣

图29-1　合浦汉墓群金鸡岭墓区

图29-2　合浦汉墓群寮尾M14封土堆

图29-3　合浦汉墓群寮尾M13墓室结构

图29-4　合浦汉墓群寮尾M14墓室结构

图29-5　合浦汉墓群凤凰岭M27墓葬墓室

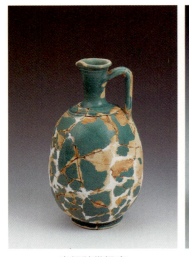 青绿釉带把壶
 俑座灯
 串饰之一
 串饰之二

 玻璃珠
 玻璃杯
 动物形琥珀串饰

 鸽形绿松石
 三色水晶串饰
 出土紫水晶串饰

 "大"铭金饼
 焊珠金箔
 出土金串饰

图29-6　合浦汉墓群出土文物（一）

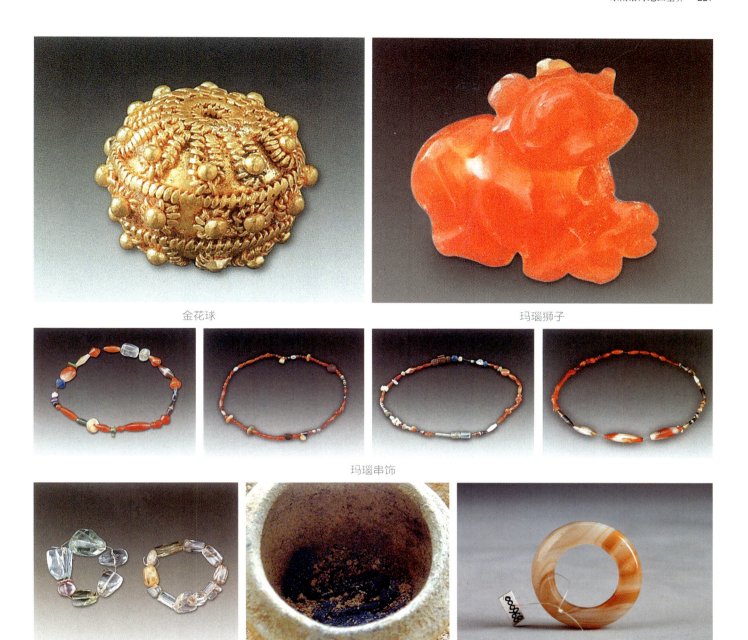

图29-7 合浦汉墓群出土文物（二）

普哈丁墓（扬州伊斯兰墓）
Tomb of Puhaddin

一、【事实性信息】

普哈丁墓（Tomb of Puhaddin）位于江苏省扬州清真寺内的扬州伊斯兰墓中，寺位于江苏省扬州市，因建筑按仙鹤形体布局故俗称仙鹤寺。寺即为阿拉伯人普哈丁于公元 1275 年（南宋德祐元年）来扬州传播伊斯兰教所创，为中国现存较早的清真寺之一，同年普哈丁归真葬于寺内，后人为其建造普哈丁墓园。随后寺院因火灾损毁，经历公元 1390 年（明洪武二十三年）重建，公元 1523 年（嘉靖二年）重修，以及公元 1791 年（清乾隆五十六年）大修。

普哈丁墓所在的清真寺坐落于扬州市区解放桥大运河东岸，坐西向东，建筑物布置采用非对称的院落式。寺院分为清真寺、伊斯兰墓和园林三部分，占地面积约 1.5 万 m²。寺门居东，礼拜大殿为寺内主要建筑，南侧为讲堂院，南、西各一处讲堂，北依大殿山墙建月亭，两侧有游廊相接，院内种植花树，颇有园林意境，院南则为阿訇住所。

伊斯兰墓位于东部岗地上，墓园东北即为普哈丁墓亭。墓园西侧为南宋阿拉伯人撒敢达、明代阿拉伯人马哈谟德、展马陆丁与法纳墓亭。二墓亭皆为平面方形砖拱球顶，四角攒尖顶，亭四面辟拱门，内部之墓系伊斯兰教坟墓传统形制，全部用条石砌筑，各层墓石上雕有牡丹、卷草花纹及阿拉伯文《可兰经》经文之图案。墓园西北有元代阿拉伯人墓碑亭，内竖 1927 年扬州城南出土的阿拉伯人墓碑 4 通。明清两代扬州伊斯兰教著名阿訇亦丛葬于此。

二、【丝路关联和价值陈述】

扬州自从开凿大运河以来，即成为南北及东西交通的要地，隋唐宋元时扬州工商业繁盛，外国商人众多，是伊斯兰教最发达的地区之一，普哈丁墓及其所在的扬州伊斯兰墓即为其见证。该墓园采用中国传统院落式布局，建筑结构也采用中国样式，并结合伊斯兰形式的墓塔及阿拉伯装饰艺术，见证扬州穆斯林的发展，及中外文化交流、宗教传播的历史。

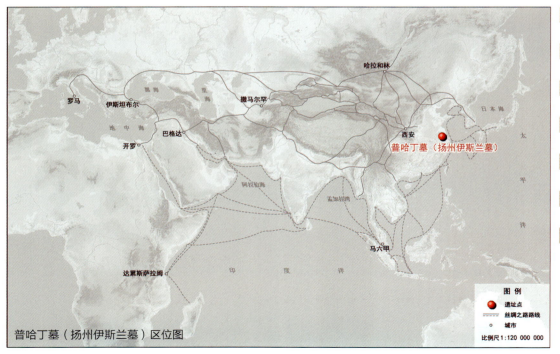

普哈丁墓（扬州伊斯兰墓）区位图
比例尺 1:120 000 000

类型
古墓葬
地点
江苏省扬州市
遗存年代
南宋（至清）
保护地位
第五批全国重点文物保护单位
地理区位
东南沿海地区
政权一（墓主）民族
南宋—阿拉伯人
丝路关联属性
作为海上丝绸之路重要港口城市——扬州城内重要的伊斯兰教墓葬遗迹，见证了中外文化、宗教的交流

参考文献：
1. 陈从周. 扬州伊斯兰教建筑[J]. 文物，1973，(4)：62-72.
2. 王惠琼，秦仁强. 浅析清真寺文物建筑价值及其保护——以扬州仙鹤寺为例[C]//中国风景园林学会. 中国风景园林学会2013年会论文集（上册）. 北京：中国建筑工业出版社，2013：134-137.
3. 华德荣，仲玉龙. 风流宛在——扬州文物保护单位图录[M]. 苏州：苏州大学出版社，2017.
4. 白学义，白韬. 中国伊斯兰教建筑艺术（上册）[M]. 银川：宁夏人民出版社，2016.
5. 邱玉兰，于振生. 中国伊斯兰教建筑[M]. 北京：中国建筑工业出版社，1992.
6. 邱玉兰. 中国古建筑大系8·伊斯兰教建筑[M]. 北京：中国建筑工业出版社，1993.
7. 路秉杰. 中国建筑艺术全集16·伊斯兰教建筑[M]. 北京：中国建筑工业出版社，2003.

图30-1　扬州清真寺外景

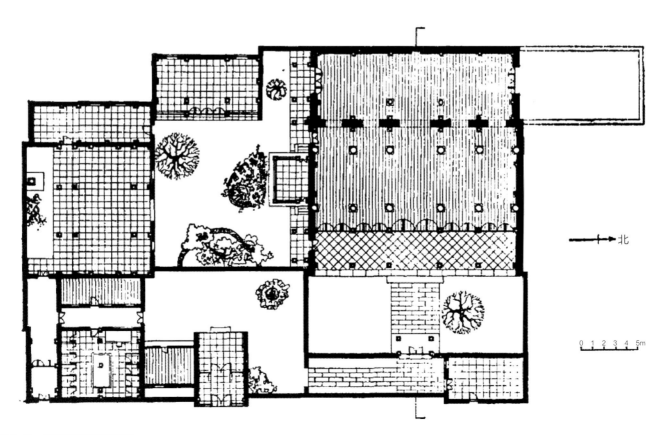

图30-2　扬州清真寺平面图

图30-3　扬州清真寺剖面图

图30-4　扬州清真寺大殿外观

图30-5　远眺扬州伊斯兰墓

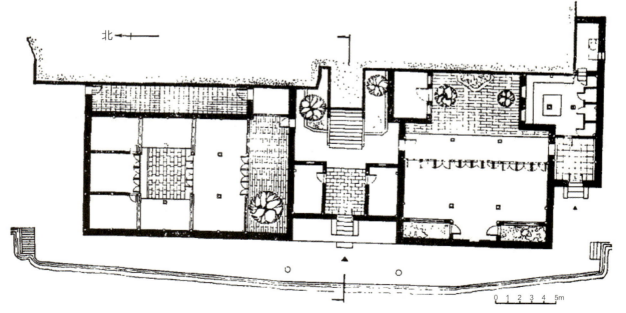

图30-6　扬州伊斯兰墓园底层平面图

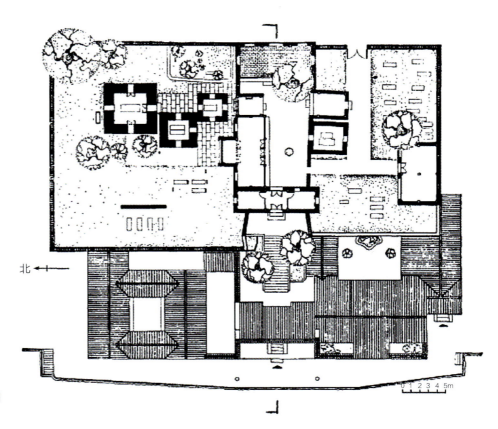

图30-7 扬州伊斯兰墓园二层平面图

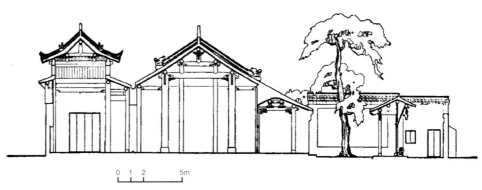

图30-8 扬州伊斯兰墓园剖面图

图30-9 普哈丁墓亭

图30-10 普哈丁墓

浡泥国王墓
Tomb of the King of Boni

一、【事实性信息】

浡泥国王墓（Tomb of the King of Boni）为15世纪初浡泥国（今文莱）国王麻那惹加那乃之墓，是中国现存仅有的两处国外王墓之一，位于南京市雨花台区安德门外石子岗乌龟山南麓，永乐六年（1408年）年仅28岁的麻那惹加那乃国王偕王妃、子女、亲属和陪臣一百五十余人，随郑和船队前来中国友好访问，受到朱棣热情隆重的接待。到中国仅月余，浡泥国王病重，后诊治无效不幸病逝。永乐皇帝依其"体魄托葬中华"的遗愿，追谥"恭顺"王，同年以藩王规制葬于南京安德门外乌龟山，置西南夷人隶籍中国者为坟户，世代为之守护。

浡泥国王墓南向，三面环山，前临水塘，占地面积约7.5万 m^2，由墓冢、享堂遗址、神道、石像生、望柱、墓碑等组成。墓冢高3.2m，底径10m，南侧有面阔3间享堂遗址，现存石灰岩柱础2件。墓前神道南北长约150m，两侧呈弧形设置石刻6对，由南向北依次为武将、控马官、立马、卧羊、蹲虎，及仅存柱础之望柱。望柱向南东折约110m处为墓碑，朝向南偏东30°，龟趺碑座，碑首佚失，现碑通高4m。

二、【丝路关联和价值陈述】

明代初年，在明太祖朱元璋、明成祖朱棣父子两代皇帝的大力倡导和浡泥国王马哈谟沙、麻那惹加那乃及遐旺三代国王的共同努力下，中国与浡泥国之间的友好关系进入了高峰。

明朝对浡泥国王的隆重安葬证明了两国源远流长的友好交往，亦反映了明朝和浡泥国之间宗主国和藩属国的关系。同时，也是郑和下西洋促进中国与东南亚各国人民之间友好交往的历史见证，从侧面反映了郑和航海活动的巨大影响。

参考文献：
1. 南京发现古代浡泥国王的墓葬[J]. 文物, 1958, (8): 66.
2. 唐云俊, 韩品峥. 浡泥国王墓地考析[J]. 东南文化, 2009, (2): 63–67.
3. 杨新华, 杨建华. 浡泥国王墓探源[M]. 南京: 南京大学出版社, 1991.
4. 杨新华, 卢海鸣. 南京明清建筑[M]. 南京: 南京大学出版社, 2001.
5. 白学义, 白韬. 中国伊斯兰教建筑艺术（下册）[M]. 银川: 宁夏人民出版社, 2016.
6. 陈学文. 明永乐时中国与浡泥国的友好关系[J]. 宁波大学学报（人文科学版）, 1991, (01): 90–95.

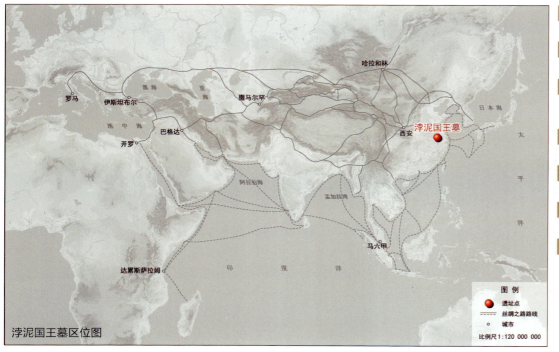

浡泥国王墓区位图

类型
古墓葬
地点
江苏省南京市
遗存年代
公元1408年（明永乐六年）
保护地位
第五批全国重点文物保护单位
地理区位
东南沿海地区
政权—（墓主）民族
明—浡泥人
丝路关联属性
浡泥国王墓是郑和下西洋促进中国与东南亚各国人民之间友好交往的历史见证

图31-1 浡泥国王墓墓冢

图31-2 浡泥国王墓神道及石刻

图31-3 浡泥国王墓神道东侧武将石刻

图31-4 浡泥国王墓神道西侧武将石刻

图31-5 浡泥国王墓神道立马石刻

图31-6 浡泥国王墓神道卧羊石刻

图31-7 浡泥国王墓墓碑

郑和墓
Tomb of Zheng He

一、【事实性信息】

郑和墓（Tomb of Zheng He）为明代伟大航海家郑和之衣冠冢，位于江苏省南京市牛首山南麓江宁区谷里街道，周防村东面的回子山上。墓地坐东朝西，俗称马回回坟，原有土质坟丘、地面文物已荡然无存，1985 年国家拨款修复了郑和墓，2002 年被列为江苏省文物保护单位。

郑和（公元1371—1435年）原姓马，小字三保，一作三宝，明代杰出航海家，云南昆阳（今晋宁）人。其祖先为西域布哈拉人，世奉伊斯兰教。11 岁被进征云南的明军掳为侍役，成为朱棣近侍。朱棣夺得皇位后，任内官监太监，又赐姓郑，遂改名郑和。自明永乐三年（1405年）至宣德八年（1433年）28 年间，奉命七下"西洋"，所经 30 余个国家和地区，航程最远至阿拉伯及东非沿岸诸国。

二、【丝路关联和价值陈述】

郑和七次下西洋，船队到达亚非各国后，通过贸易、交换等各种形式，介绍我国商品如茶叶、丝织品、瓷器、漆器、金银饰品和铜铁生产用具等，同时带回了各国的特产如药品、香料以及我国少有的珍禽异兽等。扩大了我国和亚非各国的贸易和经济文化交流，促进了这些国家和地区的社会发展，为我国人民增进与东南亚、南亚、西亚、东非各国人民的友谊，建树了不朽的功勋。

参考文献：
1. 侯自新. 中国人民的友好使者、伟大的航海家——郑和[J]. 玉溪师专学报（综合版），1986,（3）：58-66.
2. 刘文庆. 大航海家郑和的坟寺——广缘寺之新发现[J]. 大众考古，2016,（6）：77-79.
3. 纪念伟大航海家郑和下西洋580周年筹备委员会，中国航海史研究会. 郑和下西洋论文集第1集[M]. 北京：人民交通出版社，1985.
4. 纪念伟大航海家郑和下西洋580周年筹备委员会. 郑和下西洋论文集第2集[M]. 南京：南京大学出版社，1985.
5. 南京郑和研究会. 走向海洋的中国人郑和下西洋五百九十周年国际学术研讨会论文集[M]. 北京：海潮出版社，1996.
6. 江苏省纪念郑和下西洋600周年活动筹备领导小组. 传承文明走向世界和平发展纪念郑和下西洋六百周年国际学术论坛论文集[M]. 北京：社会科学文献出版社，2005.
7. 刘正江. 2009郑和与航海国际论坛论文集[M]. 大连：大连海事大学出版社，2009.
8. 时平. 海峡两岸郑和研究文集[M]. 北京：海洋出版社，2015.
9. 中共太仓市委宣传部，太仓市哲学社会科学界联合会. 郑和[M]. 杭州：西泠印社出版社，2008.
10. 周志斌. 郑和[M]. 南京：江苏人民出版社，2015.

图片来源：
刘文庆. 大航海家郑和的坟寺——广缘寺之新发现

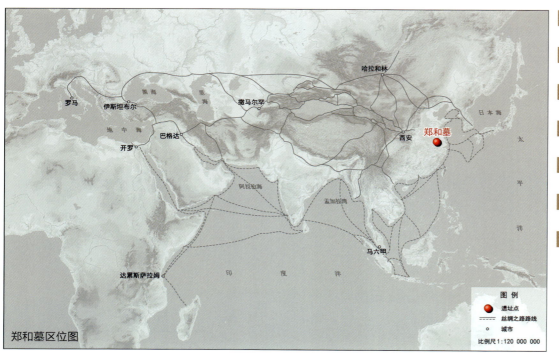

郑和墓区位图

类型	古墓葬
地点	江苏省南京市
遗存年代	明
保护地位	江苏省文物保护单位
地理区位	东南沿海地区
政权—（墓主）民族	明—回族
丝路关联属性	作为明代伟大航海家郑和之墓，见证了15世纪初世界航海史上的空前壮举及其时中外经济、文化交往

图32-1　修缮后的郑和墓

洪保墓
Tomb of Hong Bao

一、【事实性信息】

洪保墓（Tomb of Hong Bao）是明代郑和下西洋使团主要领导成员洪保之墓，位于南京南郊江宁区祖堂山南麓幽栖寺遗址东南约百米。洪保（公元1370-？），字志道，云南大理府太和县人。洪保12岁时，被明军掠至宫中，成了太监，供侍廷掖。后因追随燕王朱棣靖难有功，被赐名洪保，得到重用，历任内承运库副使、都知监右少监、都知监太监等职。

洪保墓东依阳山，俯临乌山凹水库，海拔高程97m，墓葬与水库之间平坦区域为洪保墓坟寺——宁海寺遗址，出土若干建筑屋面构件。洪保墓为竖穴土坑砖室结构，墓室前设墓道和排水沟，墓门朝西，方向220°。墓室由挡土墙、外封门、木门、前室、石门和后室等部分构成。墓室平面呈长方形，分为前后室，均为券顶，墓室通体以精烧青砖砌筑，砖缝用白灰黏合填充，壁面规整光滑，整体做工考究。墓室外封门为直立的六块砂岩矩形条石拼组而成。前室设木门一道，已朽，前、后室之间设石门一道，上安带环葵形铺首。

该墓前、后室出土铅锡明器、铁器、石器、玉器等遗物共计20件。最具价值的是"大明都知监太监洪公寿藏铭"，方形，志文竖刻阴文楷书，25行，满行40字，共计741字，刻文保存较好，其内容直接涉及洪保一次奉使西域以及七下西洋之事，同时还涉及下西洋船队五千宝料船之规模和名号。

二、【丝路关联和价值陈述】

洪保墓及其"寿藏铭"是有关郑和下西洋史料的又一次重要发现。从1403年（永乐元年）到1433年（宣德八年）的30年间内，洪保的主要活动皆围绕奉差使西域、下西洋展开。洪保是郑和下西洋使团的主要领导成员，是明代早期立都南京期间海、陆丝路外交的重要参与者和执行者。

参考文献：
1. 南京市博物馆江宁区博物馆. 南京市祖堂山明代洪保墓[J]. 考古，2012，(5)：41-52.
2. 王志高. 洪保生平事迹及坟寺初考[J]. 考古，2012，(5)：74-84.

洪保墓区位图

类型
古墓葬
地点
江苏省南京市
遗存年代
明初
保护地位
江苏省级文物保护单位
地理区位
东南沿海地区
政权—（墓主）民族
明—汉族
丝路关联属性
郑和下西洋使团主要领导之一洪保的墓葬，是明代早期海、陆丝路外交的重要见证

东南沿海地区墓葬　237

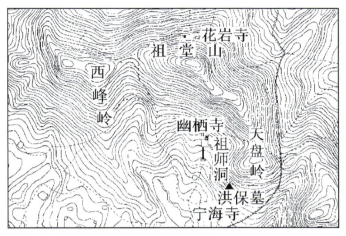

图33-1　洪保墓及宁海寺位置地形示意图

图33-3　洪保墓外封门

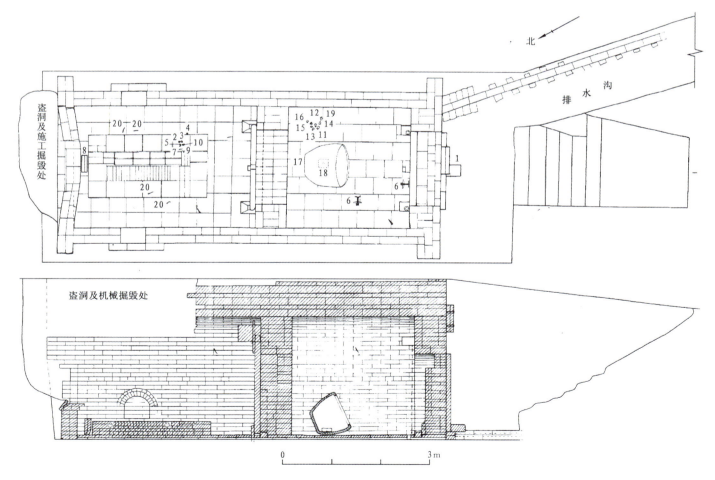

1.寿藏铭　2、3、4.玉环　5.水晶串饰　6.铁铺首　7.银钗　8.石地券　9.银冥币　10.料珠　11~16、19.铅锡明器　17.陶缸　18.砖灯座　20.铁棺钉

图33-2　洪保墓平、剖面图

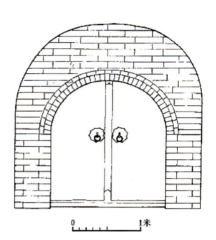

图33-4　洪保墓墓室石门正视图

图33-5　洪保墓后室

图33-6　洪保墓出土铺首

图33-7　洪保寿藏铭拓片

欧洲及中亚、西亚墓葬

奥古斯都陵墓
Mausoleum of Augustus

一、【事实性信息】

奥古斯都陵墓（Mausoleum of Augustus）是尤利乌斯·恺撒的继承人、罗马帝国开国君主盖维斯·屋大维·奥古斯都（公元前63年—公元14年）的陵墓，位于意大利罗马城西北部、台伯河东岸，始建于公元前28年。

在赢得阿克提乌姆战役后不久，奥古斯都回到罗马在台伯河畔的战神广场着手建造他恢弘的陵墓，打破了长期以来城内禁止建墓的规定。奥古斯都陵墓是一座建在方形台基上的圆形台式建筑。它的形制或许源自意大利传统的伊特鲁里亚坟丘墓葬，底层为直径88m的巨大圆柱台，外墙由混凝土筑成，并饰以石灰岩，南侧设有入口，通向带有三个壁龛的中央圆形墓室，里面有存放皇室骨灰的黄金骨灰瓮。入口外两侧曾矗立着两座从埃及掠来的方尖碑，象征着罗马对埃及的征服。陵墓内部是由4道环形和多条辐射状混凝土墙体构成的复杂空间体系，这些墙体将室内分成许多同心隔间，然而除了墓道及墓室外，其余隔间内均填以泥土。圆台之上为收小的圆柱或圆锥形的封土，奥古斯都的铜像立于顶部，整座陵墓建筑高44m。

这座陵墓曾经是古罗马最为神圣的纪念性建筑之一，不仅埋葬着奥古斯都本人，还葬着其家族成员，公元98年，皇帝涅尔瓦成为最后一位入葬此陵墓的人。罗马帝国时代终结之后，该陵逐渐凋零。公元12世纪时，它曾被科隆纳家族改作城堡，城堡废弃后在其上建造起一座花园，包括露天剧场和音乐厅。至公元1936年奥古斯都陵墓广场修复工程开始前，只剩下一座废墟，对其进行的保护修复工程至今仍在继续。

二、【丝路关联和价值陈述】

奥古斯都作为罗马帝国的开创者以及最伟大的统治者之一，将罗马从灾难重重的共和末期拯救出来，为罗马带来了长期的和平稳定和持续繁荣，再次以一个强盛帝国的姿态屹立于丝绸之路的西端，与彼时丝路东段的汉帝国一同对欧亚旧大陆的经济体系、文化交融产生深远的影响。奥古斯都陵墓作为罗马帝国开创者以及帝国初期最重要的陵墓建筑，见

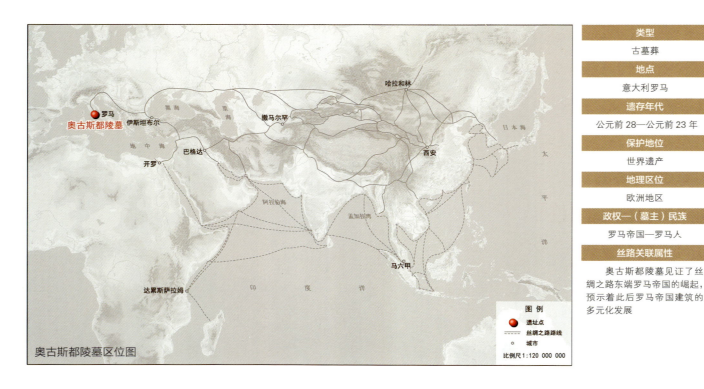

奥古斯都陵墓区位图　比例尺1:120 000 000

类型
古墓葬
地点
意大利罗马
遗存年代
公元前28—公元前23年
保护地位
世界遗产
地理区位
欧洲地区
政权—（墓主）民族
罗马帝国—罗马人
丝路关联属性
奥古斯都陵墓见证了丝绸之路东端罗马帝国的崛起，预示着此后罗马帝国建筑的多元化发展

证了这一伟大时代的开篇。同时，其建筑本身即继承传统又充满新奇想象力的表现，也是此后300年间在拥有世界范围内众多资源、技艺和艺术人才背景下，罗马帝国建筑多样化发展的一个缩影。

参考文献：
1. R. A. Cordingley, I. A. Richmond, The Mausoleum of Augustus[J]. Papers of the British School at Rome, 1927, (10): 23-35.
2. 王瑞珠. 世界建筑史 古罗马卷（上）[M]. 北京：中国建筑工业出版社，2004.
3. 陈志华. 西方建筑名作（古代—19世纪）[M]. 郑州：河南科学技术出版社，2000.
4. 李少林. 西方建筑史[M]. 呼和浩特：内蒙古人民出版社，2006.
5. （德）波伦，刘江，连征. 艺术与建筑：罗马[M]. 北京：中国铁道出版社，2011.
6. 克里斯托弗·希伯特，孙力. 罗马：一座城市的兴衰史[M]. 南京：译林出版社，2018.

图34-1　奥古斯都陵墓遗址外观

图34-2 奥古斯都陵墓鸟瞰

图34-3 成为花园的奥古斯都陵墓（下）及其复原图（上）（绘制年代不晚于公元1704年）

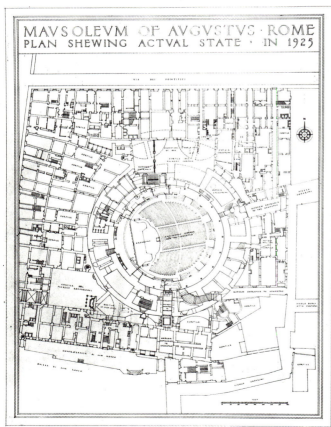

图34-4 奥古斯都陵墓1926年总平面现状图

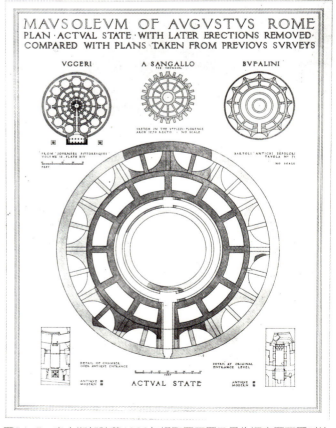

图34-5 奥古斯都陵墓1926年提取平面图及早先调查平面图对比

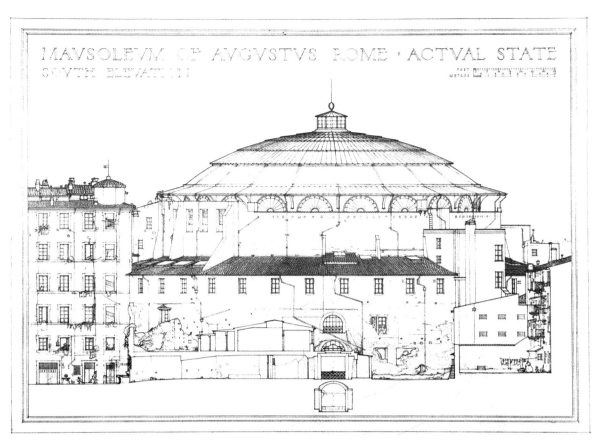

图34-6　奥古斯都陵墓1926年南立面现状图

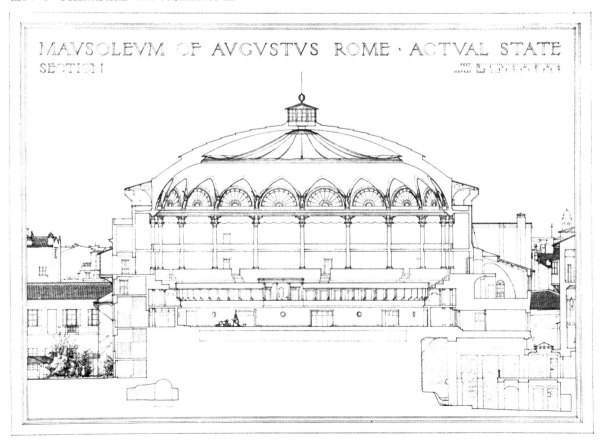

图34-7　奥古斯都陵墓1926年横剖面（南北）现状图

图34-8 奥古斯都陵墓下层墓室平面复原图

图34-9 奥古斯都陵墓上层平面复原图

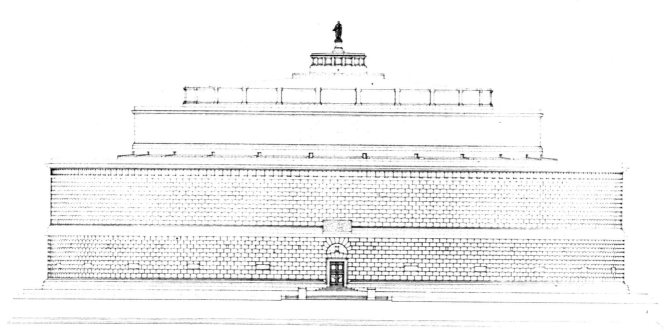

图34-10 奥古斯都陵墓南立面复原图

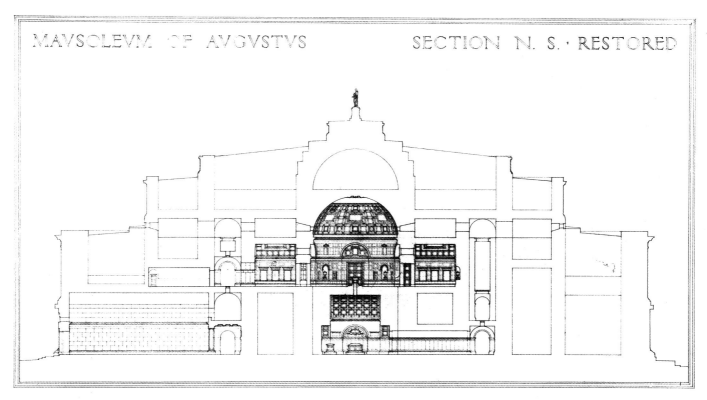

图34-11　奥古斯都陵墓横剖面（南北）复原图

图34-12　奥古斯都陵墓南立面复原效果图

卡布斯拱北塔
Gonbad-e Qābus

一、【事实性信息】

卡布斯拱北塔（Gonbad-e Qābus）是齐亚尔王朝最具学识的统治者、文学家卡布斯（公元978—981年和公元988—1012年在位）于公元1006年为自己修建的陵墓，位于伊朗北部齐亚尔王朝首都戈尔甘（Gorgan or Jorjan）附近，今贡巴德卡布斯市。

卡布斯拱北塔为一座宏伟的塔式墓葬，建成至今一直是当地的城市地标。塔建在南北长105m、东西宽120m、高10m的人工土丘上。塔的结构分为塔基、塔身及塔顶。塔基为圆形，深9.8m，直径约17m。塔于地面以上总高约53m，包括高约35m的塔身和高约18m的塔顶。塔身由底部直径约14.6m的带有收分的中空圆柱体以及外侧10个方角扶垛组成，塔顶部为底部半径约4.8m的圆锥形，墓塔由未上釉的烧结砖砌筑，砖缝填以砂浆。塔身底部东南向开一门，由此进入平面圆形的内部空间，室内底部直径约9.5m，空间直达塔顶，以顶部一个东向开窗的穹顶作为结束。装在玻璃棺材中的卡布斯遗体有可能由链条自穹顶上吊下来，悬挂在塔的内部，似乎借鉴了游牧民族尚东的传统，通过塔顶东向开窗，沐浴拂晓的阳光。塔身外部，有两圈库法体的阿拉伯语铭文图案装饰带，分别位于门的上方以及塔顶檐口下方。

考虑到该塔的建造者刚由拜火教改宗皈依伊斯兰教，并仍然与前伊斯兰时期的传统有千丝万缕的联系，因而这种突然出现、并产生广泛影响的墓塔形式或许来源于某些拜火教（Mazdean）的纪念性建筑，也有可能将土耳其或中亚游牧民族的锥顶帐篷用作塔顶形象。

二、【丝路关联和价值陈述】

卡布斯拱北塔是公元10—11世纪伊朗北部齐亚尔王朝的建筑典范，其创新的结构设计代表了伊斯兰世界数学和科技的非凡发展，并对伊朗、安纳托利亚和中亚古墓塔乃至宗教建筑产生了重要影响，见证了古代伊朗和中亚游牧民族间的文化与技术交流。

参考文献：
1. UNESCO. Gonbad-e Qābus[M/OL]. https://whc.unesco.org/uploads/nominations/1398.pdf, 2012-07-04/2020-10-02
2. 王瑞珠. 世界建筑史 伊斯兰卷（中）[M]. 北京：中国建筑工业出版社，2014.

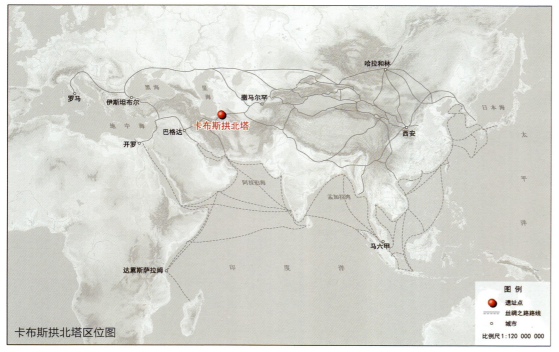

卡布斯拱北塔区位图

类型
古墓葬
地点
伊朗戈勒斯坦省贡巴德卡布斯市
遗存年代
公元1006年
保护地位
世界遗产
地理区位
西亚
政权—（墓主）民族
齐亚尔王朝—伊朗人
丝路关联属性
卡布斯拱北塔见证了古代伊朗和中亚游牧民族间的文化与技术交流

图35-1　建于土丘上的卡布斯拱北塔

图35-2　卡布斯拱北塔塔顶

250 丝路遗迹·墓葬篇

图35-3　卡布斯拱北塔正面

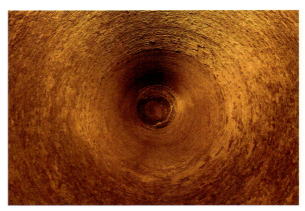

图35-4　卡布斯拱北塔内部仰视

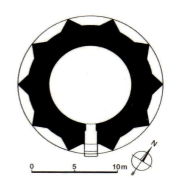

图35-5　卡布斯拱北塔底部平面图

霍贾·艾哈迈德·亚萨维陵墓
Mausoleum of Khoja Ahmed Yasawi

一、【事实性信息】

霍贾·艾哈迈德·亚萨维陵墓（Mausoleum of Khoja Ahmed Yasawi）是12世纪喀喇汗朝伊斯兰苏菲教派创始人、突厥哲学家、诗人霍贾·艾哈迈德·亚萨维（公元11世纪末—公元1166年）的陵墓，位于哈萨克斯坦南部城市突厥斯坦。亚萨维死后葬于其生前传教活跃地雅西（公元16世纪改称突厥斯坦），今天所见陵墓是其死后二百余年由帖木儿于公元1389—1399年间下令重建的，并且帖木儿亲自参与了陵墓建筑的设计。然后，至公元1405年帖木儿死去时，这座陵墓建筑仍未完工。

霍贾·艾哈迈德·亚萨维陵墓是现存帖木儿时期规模最大、保存最完整的建筑之一，为一座以陵墓为核心的纪念性建筑综合体。建筑高两层，局部三层，东偏南向，平面为矩形，沿中轴线对称设计，东西宽45.8m，南北长62.7m，高38.7m。若将建筑平面划分为九宫格，除正面中间为凹进的正门（伊斯兰建筑中称"伊旺"）外，其余8个区域则通过内部的走廊和楼梯划分为相对独立的空间，以提高其抗震性。该建筑最重要的功能性空间均位于一层，分别被安置于这8个区域中。正中央为具有巨大蓝色穹顶的、用于宗教集会的大礼堂（Kazandyk），其北侧即为亚萨维的墓室（Gurhana），墓室拥有稍小蓝色穹顶，穹顶为内外双层结构。西北角为小穹顶覆盖的清真寺（Mosque），西侧中间为藏经室（Kitabhana），西南角是为厨室（Askhana），东南角为等候室（Khadras），东侧中间为小型集会厅（Small Akasrais），东北角为大型集会厅（Large Akasrais）。

亚萨维陵墓是帖木儿时期建筑之开端，由此开创了帖木儿王朝的典型建筑风格，包括圆形鼓座承托着帖木儿时期中亚最大的穹顶，建筑外部装饰由深蓝色、蓝绿色与白色琉璃砖铺砌的大型几何形状构成，以及从远处即清晰可见的阿拉伯文字环绕装饰着整个建筑。

二、【丝路关联和价值陈述】

霍贾·艾哈迈德·亚萨维陵墓是帖木儿时期建筑的杰出代表，亦是该时期重要建筑模式的最原始形式，具有宗

霍贾·艾哈迈德·亚萨维陵墓区位图

类型
古墓葬
地点
哈萨克斯坦突厥斯坦
遗存年代
公元1389—1405年
保护地位
世界遗产
地理区位
中亚地区
政权—（墓主）民族
帖木儿帝国－突厥
丝路关联属性
霍贾·艾哈迈德·亚萨维陵墓及其所在的丝绸之路中亚要冲的位置为帖木儿时期中亚地区建筑技术与文化的发展提供了独特见证

教原创性的建筑样式，开创了中亚建筑中以陵墓或大厅为主体的纪念性综合体建筑，对伊斯兰建筑在中亚的发展有着重要贡献。帖木儿征召波斯高明的建筑师在亚萨维陵墓的营建过程中试验各种建造方法，尤其是引进了西亚一种先进的拱顶技术，并且利用地处丝绸之路要冲的宗教、文化交融优势，融汇了波斯、阿拉伯、突厥等欧亚地区多元的建筑风格与艺术形式，为随后帖木儿帝国都城撒马尔罕的建造奠定了基础。

参考文献：
1. （德）马库斯·海特斯坦，（德）彼得·德利乌斯，中铁二院工程集团有限责任公司. 伊斯兰艺术与建筑[M]. 北京：中国铁道出版社，2012.
2. UNESCO. Mausoleum of Khoja Ahmed Yasawi[M/OL]. https://whc.unesco.org/uploads/nominations/1103.pdf, 2003-07-03/2020-10-01
3. 王瑞珠. 世界建筑史 伊斯兰卷（中）[M]. 北京：中国建筑工业出版社，2014.
4. （美）约翰·D.霍格，杨昌鸣. 伊斯兰建筑[M]. 北京：中国建筑工业出版社，1999.
5. 刘文斌，刘洋. 19世纪以来哈萨克斯坦美术史[M]. 桂林：广西师范大学出版社，2015.
6. 李琪. 14—15世纪中亚建筑艺术的主要特点[A]. 新疆社会科学院历史研究所. 新疆史文集——纪念历史研究所成立50周年[M]. 2007：84-92.
7. 李进新. 新疆伊斯兰汗朝史略[M]. 北京：宗教文化出版社，1999.
8. 李树民，王会战. 丝绸之路经济带文化遗产保护与旅游合作发展研究[M]. 西安：西安交通大学出版社，2016.

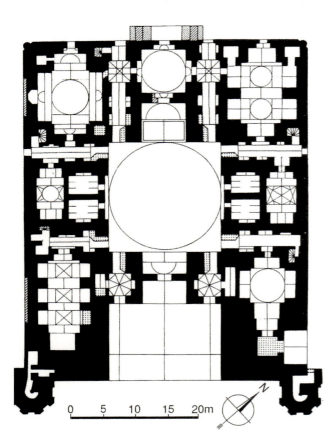

图36-2 霍贾·艾哈迈德·亚萨维陵墓平面图

图36-1 霍贾·艾哈迈德·亚萨维陵墓外观

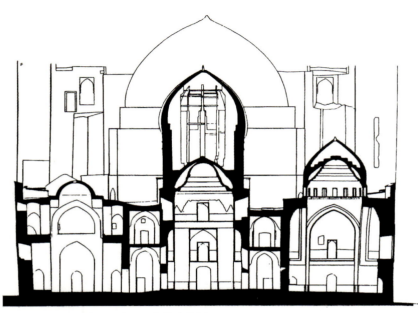

图36-3 霍贾·艾哈迈德·亚萨维陵墓剖面图

图36-4 霍贾·艾哈迈德·亚萨维陵墓未完工的正立面

图36-5　霍贾·艾哈迈德·亚萨维陵墓的穹顶

图36-6　霍贾·艾哈迈德·亚萨维陵墓窗及墙面细部

帖木儿家族陵墓
Gur-Emir Ensemble

一、【事实性信息】

帖木儿家族陵墓（Gur-Emir Ensemble）又称古尔艾米尔，波斯语意为统治者的陵墓，是帖木儿帝国建立者帖木儿大帝及其后嗣的陵墓，位于乌兹别克斯坦的著名古都城市撒马尔罕老城区，是帖木儿帝国都城遗迹中最负盛名的建筑之一。陵墓建筑始建于公元1403年，建成于公元1404年，原本作为帖木儿爱孙穆罕默德·苏尔丹的墓葬，公元1405年帖木儿去世后也安葬于此，逐渐成为帖木儿家族之墓。陵墓中安葬9人，分别是帖木儿，帖木儿的两个儿子沙鲁克和米兰沙阿、两个孙子苏尔单和兀鲁伯，兀鲁伯的两个儿子，帖木儿的老师赛义德·巴拉卡，以及一个未查明姓氏者。

帖木儿家族陵墓属于建造于14世纪末，现称为古尔艾米尔建筑群（Gur-Emir Ensemble）的一部分。建筑群采取环绕一个宽阔的方形庭院的院落式布局，庭院北侧为大门，东侧是穆罕默德·苏尔丹宗教学校，西侧为修道院，帖木儿家族陵墓则位于庭院南侧，是该建筑群中最后修建完工的，为伊斯兰式建筑。

陵墓建筑平面呈八角形，八边形墙体上方通过8m余高的独立圆形鼓座托起一个巨大、饱满的蓝绿色穹顶，穹顶表面饰以琉璃砖并带有细密棱线图案，以写仿蒙古帐篷之外观，成为整座建筑的绝对中心。穹顶外侧直径略大于鼓座，为四圆心内外双层薄壳结构，外层高约35m，内层高23m。由此创造出高耸的室内空间，室内平面呈十字形，内部墙面下部由大理石砌筑，上部则布满各色琉璃砖拼缀而成的阿拉伯图案和金质阿拉伯文字，在透窗而入的阳光映衬下交相辉映，同时又为建筑内部营造了神秘而庄重的氛围。室内摆放着具有象征性的九具大理石棺，居中者为帖木儿的墨绿色石棺，而真正存放遗体的棺椁深埋于建筑地下，于1941年由赤联考古学家进行了发掘。

作为一座完整的纪念建筑，帖木儿家族陵墓整体造型宏伟庄严，通体灿烂的琉璃砖贴面又赋予其华丽的外观，是为中亚地区伊斯兰建筑艺术的瑰宝。

帖木儿家族陵墓区位图

类型
古墓葬
地点
乌兹别克斯坦撒马尔罕
遗存年代
公元 1403—1404 年
保护地位
世界遗产
地理区位
中亚地区
政权—（墓主）民族
帖木儿帝国—突厥化蒙古人
丝路关联属性
帖木儿家族陵墓见证了帖木儿帝国统治者的文化创造力，是丝绸之路文化交流中心所在地融汇东西方建筑技术与艺术而诞生的伊斯兰建筑代表

二、【丝路关联和价值陈述】

帖木儿家族陵墓见证了横跨中西亚的帖木儿帝国鼎盛时期统治者的创造力。帖木儿时期为地处旧世界文化十字路口的撒马尔罕带来了辉煌的发展,作为丝绸之路的中心,各方文化在此交融,由此诞生了源自波斯建筑样式,同时具有东方建筑特征的伊斯兰陵墓建筑,成为帖木儿时期建筑的收场,也是帖木儿时期最具代表性的建筑之一,将中亚地区的伊斯兰建筑艺术推至顶峰,并对其后的莫卧儿王朝建筑产生了重要影响。

参考文献:
1. (德)马库斯·海特斯坦,(德)彼得·德利乌斯,中铁二院工程集团有限责任公司. 伊斯兰艺术与建筑[M]. 北京:中国铁道出版社,2012.
2. 王其钧. 外国古代建筑史[M]. 武汉:武汉大学出版社,2010.
3. 何华,任留柱. 中外建筑史[M]. 郑州:大象出版社,2015.
4. 秦惠彬. 伊斯兰文明(修订插图本)[M]. 福州:福建教育出版社,2008.
5. 梁永峰,张道森. 外国美术史论[M]. 杭州:西泠印社出版社,2012.
6. 《亲历者》编辑部. 大美世界遗产(环球卷)[M]. 北京:中国铁道出版社,2015.
7. 韩嫣薇,杨凡. 世界遗产概论[M]. 杭州:浙江工商大学出版社,2014.
8. 魏新. 图说世界著名建筑[M]. 北京:北京工业大学出版社,2015.
9. 陈绳正,冼宁. 雕塑与建筑[M]. 北京:生活·读书·新知三联书店,2015.
10. 李树民,王会战. 丝绸之路经济带文化遗产保护与旅游合作发展研究[M]. 西安:西安交通大学出版社,2016.
11. (美)约翰·D.霍格,杨昌鸣. 伊斯兰建筑[M]. 北京:中国建筑工业出版社,1999.

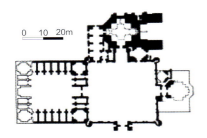

图37-1 古尔艾米尔建筑群平面图

图37-2 帖木儿家族陵墓外观

图37-3 古尔艾米尔建筑群外观

图37-4 古尔艾米尔建筑群大门

图37-5　帖木儿家族陵墓穹顶细部

图37-6　帖木儿家族陵墓内部仰视

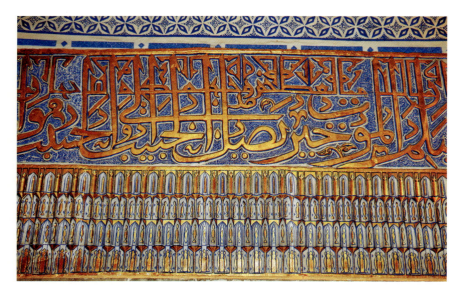

图37-7 帖木儿家族陵墓内部阿拉伯文字

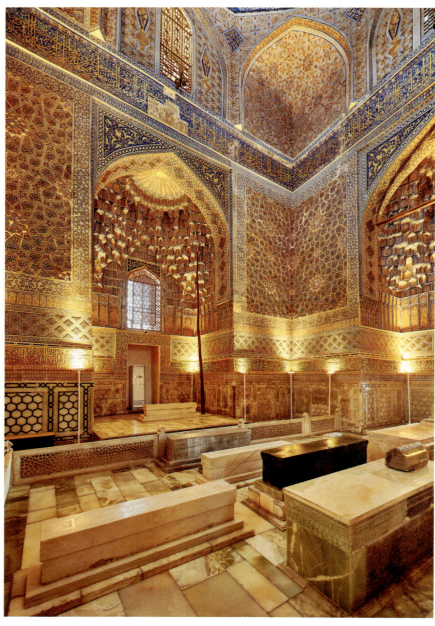

图37-8 帖木儿家族陵墓内部装饰及石棺

图片来源

主旨论文图片来源

图1、图2引自：陕西省考古研究院，宝鸡市考古研究所，宝鸡先秦陵园博物馆. 雍城一、六号秦公陵园第三次勘探简报[J]. 考古与文物，2015，(4)：9-14.

图3、图4、图51引自：宝鸡市考古工作队. 宝鸡市益门村二号春秋墓发掘简报[J]. 文物，1993，(10)：1-14，97-101.

图5~图7、图49、图52引自：陕西省考古研究所. 西安北郊战国铸铜工匠墓发掘简报[J]. 文物，2003，(9)：4-14，1.

图8引自：陕西省考古研究所，秦始皇兵马俑博物馆. 秦始皇帝陵园考古报告 2000[M]. 北京：文物出版社，2006.

图9、图10引自秦始皇兵马俑博物馆，陕西省考古研究所. 秦始皇陵铜车马发掘报告[M]. 北京：文物出版社，1998.

图11引自陕西省考古研究所，秦始皇兵马俑博物馆. 秦始皇陵园K0007陪葬坑发掘简报[J]. 文物，2005，(6)：16-38，98-99，1.

图12、图16、图54、图55引自：中国陵墓雕塑全集编辑委员会. 中国陵墓雕塑全集第2卷西汉[M]. 西安：陕西出版集团陕西人民美术出版社，2009.

图13、图18引自：王志杰. 茂陵文物鉴赏图志[M]. 西安：三秦出版社，2012.

图14、图31、图34~图37、图39、图43、图48、图53、图59、图60引自：中国建筑艺术全集编辑委员会. 中国建筑艺术全集第6卷元代前陵墓建筑[M]. 北京：中国建筑工业出版社，1999.

图15引自：陕西省考古研究院，咸阳市文物考古研究所，茂陵博物馆. 汉武帝茂陵考古调查、勘探简报[J]. 考古与文物，2011，(2)：3-13.

图17引自：咸阳地区文管会，茂陵博物馆. 陕西茂陵一号无名冢一号从葬坑的发掘[J]. 文物，1982，(9)：1-17，97-100.

图19、图20引自：UNESCO. Silk Roads: the Routes Network of Chang'an-Tianshan Corridor[M/OL]. http://whc.unesco.org/en/list/1442，2014-07-25/2020-08-01.

图21、图61引自：程林泉. 西安北周李诞墓的考古发现与研究[J]. 西部考古，2006，(0)：391-400.

图22引自：郑岩. 逝者的"面具"：再论北周康业墓石棺床画像[J]. 古代墓葬美术研究，2011，(0)：219-244.

图23、图63引自：寇小石，胡安林，王保平等. 西安北周康业墓发掘简报[J]. 文物，2008，(6)：14-35，1.

图24、图25、图62引自：山西省考古研究所. 西安北周安伽墓[M]. 北京：文物出版社，2003.

图26引自西安市文物保护考古所. 西安市北周史君石椁墓[J]. 考古，2004，(7)：38-49，103-105，2.

图27引自：西安市文物保护考古所. 西安北周凉州萨保史君墓发掘简报[J]. 文物，2005，(3)：4-33，97-1.

图28、图50引自：王镇亚. 唐李寿墓发掘简报[J]. 文物，1974，(9)：71-88.

图29、图30引自：唐李寿墓石椁线刻《侍女图》《乐舞图》散记（下）[J]. 文物，1996，(6)：56-68.

图32引自：[法]沙畹. 中国文化史迹 北中国考古图录（下）[M]. 杭州：浙江人民美术出版社，2018.

图33引自：陕西省考古研究所，昭陵博物馆. 2002年度唐昭陵北司马门遗址发掘简报[J]. 考古与文物，2006，(6)：3-16，2，114.

图38引自：王双怀，樊英峰. 唐乾陵研究[M]//樊英峰. 乾陵文化研究1. 西安：三秦出版社，2005：1-34.

图40~图42引自：陕西省考古研究院. 唐睿宗桥陵陵园遗址考古勘探、发掘简报[J]. 考古与文物，2011，(1)：11-23，91，118-121，123.

图44引自：王维坤. 在唐日本留学生井真成墓志的发现与最新研究[J]. 碑林集刊，2008，(0)：99-116.

图45引自：陕西省考古研究院. 唐李倕墓发掘简报[J]. 考古与文物. 2006，(6)：3-22.

图46、图47引自：陕西省考古研究院，陕西历史博物馆，西安市长安区旅游民族宗教文物局. 西安郭庄唐代韩休墓发掘简报[J]. 文物，2019，(1)：4-43，2，97，1.

图56引自：张建林，史考. 唐昭陵十四国蕃君长石像及题名石像座疏证[J]. 碑林集刊，2004，(0)：82-90.

图57、图58引自：程征，李惠. 唐十八陵石刻 三百里雕刻艺术馆[M]. 西安：陕西人民美术出版社，1988.

图64引自：于建军. 2016—2017年新疆吉木乃县通天洞遗址考古发掘新发现[J]. 西域研究，2018，(1)：132-135.

图65引自：陈福友，李锋，王惠民，裴树文，冯兴无，张双权，张乐，刘德成，张晓凌，关莹，高星. 宁夏水洞沟遗址第2地点发掘报告[J]. 人类学学报，2012，(4)：317-333.

遗产点图片来源

图1-1~图1-6引自UNESCO. Silk Roads: the Routes Network of Chang'an-Tianshan Corridor[M/OL]. http://whc.unesco.org/en/list/1442，2014-07-25/2020-08-01.

图2-1、图2-8~图2-14遗产地保护管理机构提供

图2-2引自：中国建筑艺术全集编辑委员会. 中国建筑艺术全集第6卷元代前陵墓建筑[M]. 北京：中国建筑工业出版社，1999.

图2-3、图2-4引自：咸阳市文物考古研究所. 西汉帝陵钻探调查报告[M]. 北京：文物出版社，2010.

图2-5~图2-7引自：陕西省考古研究院，咸阳市文物考古研究所，茂陵博物馆. 汉武帝茂陵考古调查、勘探简报[J]. 考古与文物，2011，(2)：3-13.

图2-15引自：王志杰. 茂陵文物鉴赏图志[M]. 西安：三秦出版社，2012.

图3-1引自：咸阳市文物考古研究所. 西汉帝陵钻探调查报告[M]. 北京：文物出版社，2010.

图3-2引自：中国建筑艺术全集编辑委员会. 中国建筑艺术全集第6卷元代前陵墓建筑[M]. 北京：中国建筑工业出版社，1999.

图3-3星球研究所苟秉宸摄并提供

图3-4、图3-5引自：郑岩. 逝者的面具：汉唐墓葬艺术研究[M]. 北京大学出版社，2013.

图3-6引自：王仁波. 秦汉文化[M]. 上海：学林出版社，2001.

图3-7~图3-22引自：中国陵墓雕塑全集编辑委员会. 中国陵墓雕塑全集第2卷西汉[M]. 西安：陕西出版集团陕西人民美术出版社，2009.

图4-1、图4-2引自：王志杰. 茂陵文物鉴赏图志[M]. 西安：三秦出版社，2012.

图4-3~图4-5引自：咸阳市文物考古研究所. 西汉帝陵钻探调查报告[M]. 北京：文物出版社，2010.

图5-1由爱塔传奇提供

图6-1引自：樊延平. 咸阳文物古迹大观[M]. 西安：三秦出版社，2007.

图6-2、图6-3引自：陕西省文物局. 秦宫汉阙 帝陵之乡 咸阳博物馆漫步[M]. 西安：陕西旅游出版社，2013.

图7-1爱塔传奇提供

图7-2遗产地保护管理机构提供

图8-1~图8-28引自：寇小石，胡安林，王保平等. 西安北周康业墓发掘简报[J]. 文物，2008，(6)：14-35.

图9-1~图9-37引自：山西省考古研究所. 西安北周安伽墓[M]. 北京：文物出版社，2003.

图10-2、图10-10、图10-13、图10-25、图10-33、图10-44、图10-48、图10-50~图10-52遗产地保护管理机构提供

图10-3~图10-9、图10-11、图10-14~图10-17、图10-32、图10-43、图10-45、图10-49、图10-53~图10-55引自：宁夏回族自治区固原博物馆，中日原州联合考古队. 原州古墓集成[M]. 北京：文物出版社，1999.

图10-18~图10-24、图10-26~图10-29引自：原州联合考古队. 北周田弘墓[M]. 北京：文物出版社，2009.

图10-30、图10-31、图10-34~图10-42、图10-46、图10-47引自：原州联合考古队. 唐史道洛墓[M]. 北京：文物出版社，2014.

图11-1、图11-2、图11-6引自：王镇亚. 唐李寿墓发掘简报[J]. 文物，1974，(9)：71-88.

图11-3~图11-5、图11-7~图11-9引自：中国墓室壁画全集编辑委员会. 中国墓室壁画全集 2 隋唐五代[M]. 石家庄：河北教育出版社，2011.

图11-10引自：陕西历史博物馆. 李寿墓乐舞图[J]. 文博，2010，(3)：97.
图11-11、图11-12中国建筑设计研究院有限公司建筑历史研究所提供
图11-13~图11-15引自：孙机. 唐李寿墓石椁线刻《侍女图》《乐舞图》散记（上）[J]. 文物，1996，(5)：33-48.
图11-16~图11-18引自：孙机. 唐李寿墓石椁线刻《侍女图》《乐舞图》散记（下）[J]. 文物，1996，(6)：56-68.
图11-19~图11-20引自：中国画像石全集编辑委员会. 中国画像石全集 8 石刻线画[M]. 郑州：河南美术出版社，2000.
图12-1星球研究所苟秉宸摄并提供
图12-2引自：辛德勇，郎洁. 长安志·长安志图[M]. 西安：三秦出版社，2013.
图12-3引自：张建林. 唐昭陵显露冰山一角[J]. 中国国家地理，2005，(6)：112-116.
图12-4~图12-9引自：（法）沙畹. 中国文化史迹 北中国考古图录 下[M]. 杭州：浙江人民美术出版社，2018.
图12-10引自：程征，李惠. 唐十八陵石刻 三百里雕刻艺术馆[M]. 西安：陕西人民美术出版社，1988.
图12-11、图12-12引自：陕西省考古研究所，昭陵博物馆. 2002年度唐昭陵北司马门遗址发掘简报[J]. 考古与文物，2006，(6)：3-16，2，114.
图12-13、图12-15引自：刘向阳、王效峰、李阿能. 丝绸之路鼎盛时期的唐代帝陵[M]. 西安：三秦出版社，2015.
图12-14引自：陈安利. 中华国宝：陕西珍贵文物集成：唐三彩卷[M]. 西安：陕西人民教育出版社，1998.
图13-1引自：辛德勇，郎洁. 长安志·长安志图[M]. 西安：三秦出版社，2013.
图13-2引自：傅熹年. 中国古代建筑史 第2卷 两晋、南北朝、隋唐、五代建筑[M]. 北京：中国建筑工业出版社，2001.
图13-3星球研究所苟秉宸摄并提供
图13-4、图13-11、图13-12引自：刘向阳、王效峰、李阿能. 丝绸之路鼎盛时期的唐代帝陵，西安：三秦出版社，2015.
图13-5、图13-7、图13-13、图13-14引自：王伯扬. 中国古建筑大系2帝王陵寝建筑[M]. 北京：中国建筑工业出版社，2004.
图13-6引自陈安利. 高贵的葬仪：唐代皇陵与皇亲国戚墓[M]. 成都：四川教育出版社，1998.
图13-8、图13-9引自：程征，李惠. 唐十八陵石刻 三百里雕刻艺术馆[M]. 西安：陕西人民美术出版社，1988.
图13-10引自：王双怀，樊英峰. 唐乾陵研究[M]//樊英峰. 乾陵文化研究1. 西安：三秦出版社，2005：1-34.
图14-1~图14-4、图14-6、图14-8、图14-11引自：石宁. 唐秋官尚书李晦墓出土最早的唐三彩人俑[J]. 收藏，2016，(17)：26-35.
图14-5、图14-7引自：陈安利. 中华国宝：陕西珍贵文物集成：唐三彩卷[M]. 西安：陕西人民教育出版社，1998.
图14-9引自：杨泓. 中国美术全集 墓葬及其他雕塑2[M]. 合肥：黄山书社，2010.12.
图14-10、图14-12引自：耕生. 迄今最早纪年墓出土的唐三彩俑·唐秋官尚书李晦墓考古成果在陕展出[J]. 收藏，2016，(5)：80-83.
图15-1、图15-2、图15-4、图15-5、图15-15、图15-16引自：陕西省考古研究院. 唐睿宗桥陵陵园遗址考古勘探、发掘简报[J]. 考古与文物，2011，(1)：11-23，91，118-121，123.
图15-3天津大学建筑历史与理论研究所提供
图15-7、图15-9引自：刘向阳，王效峰，李阿能. 丝绸之路鼎盛时期的唐代帝陵[M]. 西安：三秦出版社，2015.
图15-8、图15-10~图15-14引自：程征，李惠. 唐十八陵石刻 三百里雕刻艺术馆[M]. 西安：陕西人民美术出版社，1988.
图16-1爱塔传奇提供
图16-2引自：高峡. 中华国宝：陕西珍贵文物集成：碑刻书法卷[M]. 西安：陕西人民教育出版社，1999.
图17-1、图17-2、图17-4~图17-20引自：中国陕西省考古研究院，德国美因茨罗马-日耳曼中央博物馆. 唐李倕墓：考古发掘、保护修复研究报告[M]. 北京：科学出版社，2018.
图17-3引自：杨军昌，安娜格雷特·格里克，侯改玲. 西安市唐代李倕墓冠饰的室内清理与复原[J]. 考古，2013，(8)：36-45，2.
图18-1~图18-9引自陕西省考古研究院，陕西历史博物馆，西安市长安区旅游民族宗教文物局. 西安郭庄唐代韩休墓发掘简报[J]. 文物，2019，(1)：4-43，2，97，1.
图19-1、图19-8、图19-20引自：甘肃省博物馆. 武威雷台汉墓[J]. 考古学报，1974，(2)：87-141.
图19-2~图19-6、图19-10~图19-19、图19-21引自：甘肃省博物馆. 甘肃省博物馆文物精品图集[M]. 西安：三秦出版社，2006.
图19-7、图19-9引自：中国青铜器全集编辑委员会. 中国青铜器全集第12卷秦汉[M]. 北京：文物出版社，1998.
图19-22引自：王科社. 武威雷台M1出土银印识读及墓主身份探索[J]. 文博，2020，(2)：68，79-86.
图20-1~图20-3、图20-5、图20-7遗产地保护管理机构提供
图20-4、图20-6、图20-8、图20-9引自：UNESCO. Silk Roads: the Routes Network of Chang'an-Tianshan Corridor[M/OL]. http://whc.unesco.org/en/list/1442, 2014-07-25/2020-08-01.
图21-1引自：《全国重点文物保护单位》编辑委员会. 全国重点文物保护单位第3卷第一批至第五批[M]. 北京：文物出版社，2004.
图21-2~图21-14、图21-17~图21-23遗产地保护管理机构提供
图21-15引自：中国墓室壁画全集编辑委员会. 中国墓室壁画全集1·汉魏晋南北朝[M]. 石家庄：河北教育出版社，2011.
图21-16引自：国家文物局. 1998中国重要考古发现[M]. 北京：文物出版社，2000.
图22-4、图22-14、图22-16、图22-18引自：甘肃省文物考古研究所. 酒泉十六国墓壁画[M]. 北京：文物出版社，1989.
图22-15、图22-17、图22-36、图22-38、图22-43、图22-44、图22-47~图22-50引自：中国美术全集编辑委员会. 中国美术全集 绘画编12 墓室壁画[M]. 北京：文物出版社，1989.
图22-24~图22-30、图22-51~图22-54、图22-57遗产地保护管理机构提供
图22-31~图22-33、图22-55、图22-56引自：甘肃省文物队，甘肃省博物馆，嘉峪关市文物管理所. 嘉峪关壁画墓发掘报告[M]. 北京：文物出版社，1985.
图22-34、图22-35、图22-37、图22-39~图22-42、图22-45、图22-46引自：中国墓室壁画全集编辑委员会. 中国墓室壁画全集1汉魏晋南北朝[M]. 石家庄：河北教育出版社，2011.
图23-5、图23-11、图23-15、图23-17~图23-21、图23-24、图23-37、图23-41、图23-44引自：北京大学考古文博学院，青海省文物考古研究所. 都兰吐蕃墓[M]. 北京：科学出版社，2005.
图23-6、图23-7引自：许新国. 西陲之地与东西方文明[M]. 北京：北京燕山出版社，2006.
图23-8、图23-9、图23-22、图23-25~图23-28、图23-32、图23-36、图23-39、图23-40、图23-42、图23-43遗产地保护管理机构提供
图23-10、图23-12~图23-14、图23-16引自：霍川. 青海都兰吐蕃墓出土文物追记[J]. 藏学刊，2017，(1)：202-219，319.
图23-29~图23-32、图23-33~图23-35、图23-38引自：仝涛. 青海都兰热水一号大墓的形制、年代及墓主人身份探讨[J]. 考古学报，2012，(4)：467-488，547-550.
图23-45、图23-46引自：中国织绣服饰全集编辑委员会. 中国织绣服饰全集第1卷织染卷[M]. 天津：天津人民美术出版社，2004.
图24-1~图24-14、图24-17、图24-18引自：中国社会科学院考古研究所边疆考古中心. 藏王陵[M]. 北京：文物出版社，2006.
图24-15、图24-16、图24-19引自：四川大学中国藏学研究所，西藏自治区文物保护研究所，山南地区文物局. 西藏琼结县藏王陵1号陵垣的试掘[J]. 考古，2016，(9)：70-76.
图25-2引自：陈旭. 贺兰山：银川平原的守护神[J]. 中国国家地理，2010，(2)：26-51.
图25-4、图25-9~图25-11、图25-13、图25-15~图25-17遗产地保护管理机构提供
图25-6、图25-14、图25-19引自：宁夏文物考古研究所，许成，杜玉冰. 西夏陵：中国田野考古报告[M]. 北京：东方出版社，1995.
图25-7引自：宁夏文物考古研究所，银川西夏陵区管理处. 西夏三号陵：地

面遗迹发掘报告 [M]. 北京：科学出版社，2007.

图26-1～图26-3、图26-7、图26-12、图26-18、图26-20～图26-22、图26-24～图26-26、图26-28、图26-30、图26-31、图26-34～图26-36遗产地保护管理机构提供

图26-4、图26-5引自：中国墓室壁画全集编辑委员会.中国墓室壁画全集·汉魏晋南北朝[M]. 石家庄：河北教育出版社，2011.

图26-6、图26-8、图26-10、图26-15、图26-16、图26-19、图26-23、图26-29、图26-33引自新疆维吾尔自治区博物馆. 新疆出土文物[M]. 北京：文物出版社，1975.

图26-9、图26-17、图26-32引自：新疆维吾尔自治区文物事业管理局等. 新疆文物古迹大观[M]. 乌鲁木齐：新疆美术摄影出版社，1999.

图26-11引自：穆顺英. 中国新疆古代艺术[M]. 乌鲁木齐：新疆美术摄影出版社，1994.

图26-13、图26-27引自：新华. 新疆吐鲁番阿斯塔那墓葬分期研究：斯坦因阿斯塔那墓葬资料的再整理与研究 [C]//考古杂志社. 考古学集刊12. 北京：中国大百科全书出版社，1999. 330-364，407-410，419-430.

图26-14引自：UNESCO. Silk Roads: the Routes Network of Chang'an-Tianshan Corridor[M/OL]. http://whc.unesco.org/en/list/1442, 2014-07-25/2020-08-01

图27-1～27-3、27-5、27-6～27-11遗产地保护管理机构提供

图27-4引自：新疆维吾尔自治区文物局. 新疆维吾尔自治区第三次全国文物普查成果集成·喀什地区卷[M]. 北京：科学出版社，2011.

图28-1、28-2、28-9、28-10引自：中国历史博物馆遥感与航空摄影考古中心，内蒙古文物考古研究所. 内蒙古东南部航空摄影考古报告[M]. 北京：科学出版社，2002.

图28-3～28-8、28-11～28-16引自：UNESCO. Site of Xanadu[M/OL]. https://whc.unesco.org/en/list/1389, 2012-07-06/2020-08-01

图30-1引自：邱玉兰，于振生. 中国伊斯兰教建筑[M]. 北京：中国建筑工业出版社，1992.

图30-2、图30-3、图30-6～图30-8引自：陈从周. 扬州伊斯兰教建筑[J]. 文物，1973，(4)：62-72.

图30-4引自：路秉杰. 中国建筑艺术全集16·伊斯兰教建筑[M]. 北京：中国建筑工业出版社，2003.

图30-5引自：白学义，白韬. 中国伊斯兰教建筑艺术（上册）[M]. 银川：宁夏人民出版社，2016.

图30-9引自：华德荣，仲玉龙. 风流宛在：扬州文物保护单位图录[M]. 苏州：苏州大学出版社，2017.

图30-10引自：邱玉兰. 中国古建筑大系8·伊斯兰教建筑[M]. 北京：中国建筑工业出版社，1993.

图31-1、图31-2引自：白学义，白韬. 中国伊斯兰教建筑艺术（下册）[M]. 银川：宁夏人民出版社，2016.

图31-3～图31-7引自：杨新华，卢海鸣. 南京明清建筑[M]. 南京：南京大学出版社，2001.

图32-1引自：刘文庆. 大航海家郑和的坟寺：广缘寺之新发现[J]. 大众考古，2016，(6)：77-79.

图33-1引自：王志高. 洪保生平事迹及坟寺初考[J]. 考古，2012，(5)：74-84.

图33-2～图33-7引自：南京市博物馆江宁区博物馆. 南京市祖堂山明代洪保墓[J]. 考古，2012，(5)：41-52.

图34-1、图34-2由"图虫创意"授权使用

图34-3引自：MET museum. Jan Goeree, A Reconstruction of the Mausoleum of Augustus (above) and a View of the Ruins (below) [M/OL]. https://collectionapi.metmuseum.org/api/collection/v1/iiif/336117/747498/main-image, before 1704/2020-10-02.

图34-4～图34-12引自：R. A. Cordingley, I. A. Richmond, The Mausoleum of Augustus[J]. Papers of the British School at Rome, 1927, (10): 23-35.

图35-1、图35-3 由Alamy Stock Photos授权使用

图35-2、图35-4由Alamy Stock Photos提供，"图虫创意"授权使用

图35-5引自：王瑞珠. 世界建筑史 伊斯兰卷（中）[M]. 北京：中国建筑工业出版社，2014.

图36-1由"图虫创意"授权使用

图36-2、图36-3引自：王瑞珠. 世界建筑史 伊斯兰卷（中）[M]. 北京：中国建筑工业出版社，2014.

图36-4～图36-6由Alamy Stock Photos提供，"图虫创意"授权使用

图37-1引自：（德）马库斯·海特斯坦，（德）彼得·德利乌斯，中铁二院工程集团有限责任公司. 伊斯兰艺术与建筑[M]. 北京：中国铁道出版社，2012.

图37-2、图37-4、图37-6 由Unsplash授权使用

图37-3、图37-5由"图虫创意"授权使用

图37-7由Alamy Stock Photos授权使用

图37-8由Alamy Stock Photos提供，"图虫创意"授权使用

| 后环衬 | 封面封底 | 前环衬 |